# 这才是清朝

鹿鼎公子◎著

第2版

## 西后垂帘

中国法制出版社
CHINA LEGAL PUBLISHING HOUSE

# 总序

清史洋洋洒洒近三百年，三百年间怪事、奇事、惨事、恨事迭出，三百年年年都精彩，年年都有挥之不去的喜怒爱恨。整个清朝三百年，道不尽的风云爱恨。

努尔哈赤以十三副铠甲起兵，建立了后金，身后留下了无数的尸体，却最终倒在宁远城下，栽在“书生”袁崇焕手中，这是对一个暴力征服者的最大讽刺。随后，努尔哈赤诸子开始斗智斗勇，最后皇太极靠谋略成功上位。

皇太极穷其一生的精力都在与明朝对抗，不幸暴毙后，大清国的统治陷入危机，多尔衮与豪格之争最终便宜了顺治。多尔衮率领清军入关后，成为皇父摄政王，将全国军政大权操于一手，顺治完全被架空。此时，孝庄和顺治母子随时都有生命危险，危难关头，孝庄稳住多尔衮，终于使大清逃过这一劫。

顺治是个痴情天子，亲政后经常跟母亲孝庄闹不愉快，结果自己和董鄂妃双双早逝。康熙继位时年仅八岁，不过这是个早熟的孩子，也是个很有天赋的孩子，很早就懂得帝王之术。在别人还是懵懂少年时，他就已经像个猎人一样盯紧了鳌拜，除掉鳌拜之后，康熙终于有机会施展自己的雄才大略。

康熙神不知鬼不觉地除掉鳌拜，平定三藩之乱，收复台湾，荡平准噶尔，击退沙俄……

雍正在治国理念上最大限度地奉行韩非子的法家思想。乾隆是个自作聪明的皇帝，他继位后，废除雍正的严刑峻法思路，重新走康熙的路子。但乾隆并不懂康熙真正的治国精髓，结果变成了外用儒术、内用权术，所以清朝在乾隆时期开始走向衰落。

自乾隆后期，动乱纷起，尤其是白莲教起义几乎波及整个中国。到了嘉庆手中，国家元气已大伤，嘉庆虽然是个仁君，可惜终究没有先祖那份雄才。他虽然减缓了国家的衰败，但始终没能重振大清的雄风。到了道光手中，国家就更惨了，第一次鸦片战争被英国人欺负得够呛，国内的动乱更是风起云涌。

咸丰就更悲剧了，太平天国和天地会起义，全国天翻地覆。更糟的是英法联军来了，他连京城都保不住，年仅三十岁便郁郁而终。咸丰死后，朝政大权掌握在慈禧手中，国家每况愈下，虽然中途出现过洋务运动和维新变法，可惜终究是昙花一现。

清末虽然出现了曾国藩、左宗棠这样的中兴名臣，但亡局已定。最终，辛亥革命一声炮响，末代皇帝溥仪退位。

千古帝王，悠悠万事，功过自有百姓言，清朝这些事儿，就交给读者去慢慢品味吧！

# 序言



咸丰一死，同治即位，但同治不过是一个傀儡，朝政操持在慈禧太后和恭亲王奕䜣的手中。同治跟顺治的命运有些像，但更惨。首先，同治的母亲慈禧比不上顺治的母亲孝庄，一个是权力母老虎，一个是仁惠的太后；其次，同治的能力比不上顺治；再次，同治活的时间比顺治短，同治只活了十九岁，顺治活了二十四岁；最后，同治一个子女都没有留下，顺治却生下雄才大略的康熙。

但同治跟顺治还是有很多共同点：同样短命，同样跟母亲的关系很糟糕。和慈禧相处的日子让同治非常压抑，同治通过无节制的性生活来解压，个人生活变得无节制，结果染上梅毒，全身溃烂而死。

同治死后，慈禧又从爱新觉罗家族抱了一个小孩过来当傀儡，这个小孩便是光绪。光绪比同治还可怜，四岁时就离开父母的怀抱，跟着冷血无情的慈禧，战战兢兢地活着，到了亲政年纪，还是一个傀儡。光绪从小身体就不好，加上常年生活在压抑的气氛里，长大后一直郁郁寡欢。

直到遇到珍妃，光绪心情才明朗起来，可惜慈禧连他这点快乐也剥夺了。慈禧是个嫉妒心非常强的女人，她看到别人快乐就受不了，所以时间一长，跟珍妃的矛盾累积，最后将其推入井中弄死。珍妃死后，光绪的感情世界变成了荒漠。对于光绪来说，活着的唯一动力就是振兴大清，富国强民。

但慈禧是决不允许光绪借着变法的机会掌权的，光绪的理想注定只能成为一场空。光绪不是没有考虑过发动政变，囚禁慈禧；他在康有为等人的鼓励下，联系袁世凯，准备发兵攻打颐和园。只可惜，光绪和慈禧完全不是一个级别的对手，政变以失败告终，光绪被囚禁瀛台。

从此以后，光绪的人生彻底黯淡，黑暗中唯一的星光就是期盼慈禧死后，自己出来重新掌权。然而，慈禧在临终前先让人毒死了他。光绪一生都没走出慈禧的阴影，所以世人无不痛惜这个可怜的皇帝。

光绪和慈禧死后，溥仪即位，载沣摄政。这时候，清帝国的大权已经落入袁世凯手中。随着辛亥革命的爆发，袁世凯一不做二不休，跟革命党人做了一桩生意，“卖掉”大清。

清廷被推翻后，溥仪还想挣扎，游走在全国各地，寻求复辟的机会。可惜大势已去，曲终人散的结局不是他能改变的。

# 目录

# 第一章　母子冤家

慈禧跟皇后的关系太糟糕了，于是就流传着许多神秘的说法。有人说慈禧和皇后相克，慈禧很迷信，所以一早就反对立阿鲁特氏为皇后，担心有一天她克了自己的“大命”。还有一层关系，我们不能忽视，皇后是端华的外孙女，而端华就是被慈禧在辛酉政变中杀害的。

## 两宫“同治”朝政

咸丰驾崩时，懿贵妃还很年轻，钮祜禄氏比她还小。这两个年轻的女人能够驾驭庞大的大清国吗？很显然是不能的，所以她们必须仰赖恭亲王奕䜣的经验。

1861 年 10 月 4 日，桂良上奏请求给太后上徽号，东宫太后为慈安皇太后（钮祜禄氏），西宫太后为慈禧皇太后（懿贵妃，叶赫那拉氏）。此前两天，内阁就太后垂帘听政之事展开讨论。名为讨论，实际是让大家举手赞同。根据大臣们的观点，在现在这种情况下，太后听政是必需的。现在的问题是如何听政，换句话说就是确立听政的程序。

11 月 7 日，内阁发出上谕，将新皇帝的年号由“祺祥”改为“同治”，所谓“同治”就是让两个太后一同治政，同时也有两宫太后和同治帝的小叔奕䜣一起分享大权的意思。

垂帘听政的程序基本上是这样的：两个太后听政的地点是养心殿东暖阁；小皇帝坐在龙椅上，两个太后坐在后面，中间隔着一道帘子，跟武则天当年的所作所为一模一样。

除了听政之外，大臣奏折和紧急军情也要交给两宫太后审阅，太后审阅之后，再下发给议政王和军机大臣。

太后垂帘听政是清朝历史上的大事件，因为在此之前还没有太后听政的先例，孝庄虽然很有头脑，也只是通过自己的想法影响顺治和康熙，从没有直接干预朝政。

虽然名为两个太后听政，实际上是由慈禧一人听政，慈安是个没主见的人，再加上本性懦弱，一切都听慈禧的。

在慈禧攫取大权的过程中，奕䜣是最得力的一个干将。慈禧提出赏其一个铁帽子王，奕䜣是聪明人，当然拒不接受。慈禧说：“既然六叔坚持不受，那这事就暂时缓一缓吧，将来等同治亲政后，让他来办也行。”

这一阶段，大清的实际政权掌握在奕䜣的手中，两宫太后是名义上的最高领导者，而同治呢，只是帝国的一个象征。

这时候的奕䜣权势熏天，朝中大臣多是他的党羽，地方督抚很多也是支持他的，就连西方势力也挺他，把他看成大清未来的希望。在西方国家眼里，奕䜣是一个头脑开明的人，非常适合做清政府的代理人。有奕䜣在，更容易实现他们的利益。

英国领事罗伯逊甚至建议大英帝国扶植奕䜣为清皇帝，所以奕䜣在后人眼里又是一个投降派、卖国派。这种看法显然是不公平的，奕䜣跟列强妥协是事实，但妥协跟卖国是两码事。

恭亲王不是一个卖国贼，他是有自己的难处的。你不能指望他变出一支现代化的军队，把洋人都赶尽杀绝。虽然他不能变出一支现代化的军队，但他知道大清只有自强一条出路，这是他跟洋人打交道过程中的实践总结。

实际上，恭亲王掌权以后也做了不少事，对内对外都是如此。内有“长毛”之患，恭亲王要搞定他们，必须重用曾国藩、左宗棠、李鸿章这些人。曾国藩虽为两江总督，但是管理四省军务，分别为浙江、江苏、江西、安徽四省，奕䜣还授他为协办大学士。此外，奕䜣提拔左宗棠为浙江巡抚，李续宜为安徽巡抚，曾国荃为浙江布政使，李鸿章为署理江苏巡抚。这些安排无非是希望尽快平定内乱，为大清的自强和发展创造一个良好的内部环境。

在跟外国人打交道的过程中，恭亲王更是如履薄冰，方方面面都要考虑到。好在他天性聪明，很多问题能够处理得恰到好处。一方面，大清的政权是一定要保住的；另一方面，要尽量以最小的代价换取洋人的支持。要把洋人伺候舒服又不能让他们狮子大开口。

奕䜣还提出，国家要自强，首先靠练兵。而练兵首先要有利器，不能拿着长矛乱舞，得有先进的洋枪洋炮。要有先进的洋枪洋炮，必须花钱买，钱从哪里来？奕䜣说，从海关的税收中来，用洋人交的税购买洋人的枪。史载奕䜣聪明看来不假，他当然也知道买别人的东西始终是下策，最好的办法是自己能够制造，但是洋人也很精明，把那些好技术都捂得紧紧的。

## 叛逆的同治

同治是独生子，还是皇帝的独生子，娇生惯养在所难免。

咸丰生前把这孩子当成个宝，慈禧更是如此，她能有今天的地位全靠这孩子。

为了让这孩子成为清帝国合格的接班人，咸丰和慈禧就跟现在的夫妻一样，为他请最好的老师。咸丰给同治安排的老师是李鸿藻，这李鸿藻是个大学问家，学问在当时是顶尖级的。后来师资队伍不断扩充，还包括祁寯藻、翁心存、倭仁等人。

祁寯藻学问也相当扎实，自幼被认为是神童，是个专业的“皇帝老师”，之前做过道光和咸丰的老师。翁心存是翁同龢的父亲，官至兵部尚书、内阁大学士、体仁阁大学士。他的儿子翁同龢后来做了同治和光绪的老师。倭仁是理学大师，官至文渊阁大学士。

这些人虽然个个饱读诗书、学富五车，但清一色全是守旧派。

师资队伍固然庞大，但家教却很成问题，咸丰不是一个合格的皇帝，慈禧更是一个阴毒的女人。同治想要在他们身上学到一点正面的东西，委实太难。在这种情况下，一个孩子会有两个发展方向：一是被环境同化；一是变得叛逆，与环境格格不入。

同治选择了叛逆，这也是必然的，他是独生子，没有竞争压力，不懂得妥协的道理。

有人说慈禧掌权不是一个好兆头，因为很早就有流言：灭建州者叶赫。建州是努尔哈赤的发迹地，叶赫是被努尔哈赤吞并的女真部落。慈禧，叶赫那拉氏，身上流着叶赫部落的血。现在的问题是，清朝是不是亡于慈禧之手呢？

这个问题不好回答，我们可以从其他角度来讲。慈禧的教育是很失败的，作为一个女人，她严重缺乏母爱。她不仅缺乏母爱，还嫉妒其他女人爱护孩子。同治向她请安时，她经常板着脸孔，教训这调皮的孩子。同治从小就不喜欢这个母亲，反而跟慈安要亲近一些。

一个没有母爱的孩子也就是今天人们说的缺乏家教，叛逆是理所当然的。

同治很小的时候就不喜欢读书，上课的时候调皮捣蛋，眼里毫无师长。这些老师谁都不敢教训他，清朝主子与臣子等级分明，老师再有学问也是臣子，臣子怎么能打主子呢？并非所有的老师都像张居正那么牛气。

在这些老师之中，同治最喜欢的是翁同龢，不光因为翁同龢年轻，更因为这个老师讲课比较生动，能够讲出引人入胜的道理。翁同龢是一个很有责任心的老师，他每天都准时上课，准时下课，无论寒暑，从不间断，除非生了大病。

而且翁同龢这个人很正直，有什么说什么，就是对慈禧也不例外。像这样的老师，想不尊重都难。

好老师不一定能教出好学生。同治小时候可能患有多动症，不过宫里规矩太多，而他又缺乏母爱，难免需要一些发泄。同治最喜欢玩的游戏是摔跤，及至年长，对男女之事的兴趣也越来越浓。

## 母子博弈

这慈禧是个什么样的女人啊？说一不二、唯我独尊。同治虽然是她的儿子，好歹也是个皇帝，甭说是皇帝，就是任何一个青少年在成长过程中都要挣脱家长的控制，这个过程本身就是成长的一部分，如果不能挣脱家长的控制，就意味着在形成独立人格的过程中受挫。

慈禧是一个相当自私的女人，这一点大家不用怀疑。所以她看到同治越没出息，她就越高兴，这意味着她能够长久地把持清政权。但同治迟早都是要长大的，政权迟早都是要放手的，慈禧知道这是大势所趋，但是她希望尽量延缓这一天的到来。

我们知道，早期慈禧身边有一个红得发紫的太监叫安德海。朝廷大事要想在慈禧那儿通过，首先得在安德海这里通过。在这个过程中，安德海的控制欲望越来越强，收取的贿赂也越来越多。

如果说在嘉庆、道光、咸丰的手中朝政衰败的话，那么在慈禧手中，朝政已经开始腐化阴暗了。

同治虽然顽劣，但也不傻。他非常痛恨安德海，很小的时候就痛恨，他知道这个阉人不但跟自己的母亲走得近，而且还把持朝政，为所欲为。这个安德海也确实过分，他不光弄权，还在慈禧的面前教训同治。太监教训皇帝，这皇帝长大后不杀了他倒是怪事了。

同治大一些时，慈禧开始为他操办婚事。皇上结婚意味着啥？意味着他长大了。虽然慈禧暂时还不想让他亲政，但这一天正在逼近。

安德海还没有意识到死神已经逼近了。那些日子以来同治绞尽脑汁设计捕杀安德海。他首先要做的是收集安德海的罪证，这个不难做到，安德海仗着慈禧这棵大树为非作歹有恃无恐，留下了太多的犯罪证据。最关键的是如何过慈禧这关，要杀安德海，慈禧如果不同意就会很难办，而且不出意外的话，慈禧肯定是不同意的。

同治从外围开始做工作，他首先把安德海的不法行为告诉王公贵族和军机大臣们，大臣们也早就看安德海不惯，只是碍于慈禧的面子，不便杀他。要杀这样一个人，必须等待机会。

机会很快就来了。

有一次，安德海奉慈禧之命，以钦差大臣的身份去江南采购服装。同治得到这个消息，紧急联系慈安太后，告诉她，只要安德海出京城，立即将他斩首。慈安给了山东巡抚丁宝桢一个密折，让他见机行事，一有机会立即除掉安德海。

根据清朝祖制，太监不准出京，更不可以勾结外官。安德海虽然是奉慈禧之命出京，但是也应该低调，可惜他完全不懂这个道理，他一出京就场面吓人，好像要告诉全天下的人他就是太后身边的红人。

安德海到达德州后，丁宝桢立即命人将他逮捕，审问之后将安德海斩首，一同处斩的还有安德海的二十多名同党。

这次事件我们可以看作慈禧与同治母子之间的博弈，也可以看作一场政变的前兆。慈禧不想放权，同治想掌控大权。

在这场博弈中，慈禧是孤独的，站在她这边的只有一些太监，而她的对立面有同治、慈安、奕䜣。尽管从势力上来看，慈禧好像更弱一些，但是她更有手腕，也更狠毒，所以能成为最终的胜利者。

同治一直在京城里等好消息，他有种预感，安德海这次一定会人头落地，想到慈禧栽在自己手中他很高兴，再说他事前已经跟军机处打过招呼，事发之后军机处肯定也是支持自己的。慢慢地，大权自然会回到自己的手中，同治的如意算盘打得太好了。

慈禧听到安德海被杀的消息后，一张保养很好的脸立刻变得铁青，刚想发怒，同治就把安德海的罪行和盘托出，然后说："额娘，为这些混账东西发脾气不值得啊，额娘要注意身体啊！"慈禧准备传谕恭亲王奕䜣和军机大臣，同治又说："六叔和军机大臣已经知道了，大家都说安德海恶贯满盈，死有余辜，额娘，奸人除掉，你该高兴才对。"

慈禧的红人被同治干掉了，不可能高兴得起来，不过木已成舟，也只能这样了。

慈禧看同治人虽小脑子却很灵活，担心他结婚之后，就得归政，归完政之后自己就得在一边晾着。怎么办呢？只有推迟他结婚的时间，因为一旦他结婚，势必殃及自己的权威。

## 泼辣母与不孝子

慈禧原本是打算让同治在十四岁那年结婚，没想到同治还没大婚就想揽权。慈禧觉得不能这么快，婚事一拖再拖，拖到同治十七岁的时候，她才不得已给同治议婚。

选择皇后是一门大学问，这个选择权不在同治手中，自然由两宫太后裁决。如果两宫太后意见一致，那就没问题了，一次通过。关键是两个太后意见相左，慈安喜欢崇绮的女儿阿鲁特氏，慈禧则喜欢员外郎凤秀的女儿富察氏。

阿鲁特氏出身名门，祖父是大学士、军机大臣赛尚阿，受过良好的家庭教育。这个阿鲁特氏一举一动都显得端庄典雅，很有大家闺秀的风范。富察氏容貌更艳丽一些，同治嫌她举止有些轻浮，母仪天下的功夫不够，所以决定立阿鲁特氏为皇后。

听说是同治作出的决定，慈禧火冒三丈，这兔崽子，咋就处处跟亲娘作对。没办法，同治就是跟慈安要亲一些。慈禧只好退而求其次，要求同治封富察氏为慧妃。

根据一些史书的记载，说同治这家伙特别喜欢皇后阿鲁特氏，根本原因是此女是一个才女。洞房花烛夜那晚，同治心血来潮，考她唐诗，没想到皇后背得一字不差。这个说法我们不能当真。说白了，他就是为了给自己亲娘添堵，他的快乐是建立在慈禧的痛苦之上的。而慈禧的快乐也是建立在同治的痛苦之上的。



在权力的顶峰上，这母子俩注定不能和平共处。

史书记载，慈禧不喜欢阿鲁特氏，不准同治跟皇后同房，让他多陪陪慧妃，慈禧苦口婆心地说："慧妃是个贤惠的女人，论才干不应该屈居在妃子的位子上，你要对她好点，多去她那儿坐坐。皇后年纪比较小，不太熟悉宫里规矩，应该劝她好好学习。皇上你不要老是留在中宫，耽误了政事。"

慈禧是一个可以睁眼说瞎话的女人。皇后明明比同治大，而慧妃比同治还小，她居然说皇后年纪小，不懂事。同治有很强的叛逆心理，慈禧越讨厌皇后，他跟皇后的关系就越好。如果说他有多爱皇后，倒也不至于。

同治跟他娘抬杠倒也罢了，偏偏这皇后也跟着同治一个鼻孔出气。

大家都知道，慈禧很喜欢看戏，作为皇后，阿鲁特氏不得不陪她。慈禧喜欢看一些情情爱爱的戏，每到这时候，阿鲁特氏就回头闭上眼睛，一副不忍看下去的样子。慈禧心里当然很不舒服了。一个寡妇天天守着空床孤枕难眠，想从文艺中寻求一些安慰，你倒好，装清高，把人家慈禧衬托得似乎格调很低。

婆媳关系很紧张，身边的人就劝皇后，你还得跟老太婆搞好关系啊，否则将来吃不了兜着走。没想到，皇后倒是底气十足："敬则可，昵则不可。我乃奉天地祖宗之命，由大清门迎入者，非轻易能动摇也。"

话说回来，这皇后也太不知天高地厚了，她也不看看，连肃顺的尸体都踏在这个西太后的脚下，何况是她。再想想看，慈禧正是偏房出身，这本是她的心病，你这么说她她受得了吗？

得罪慈禧，是一定要付出代价的。

皇后很快就尝到苦果了。同治生病了，慈禧不准皇后去看他，然后大骂皇后是个妖妇，没有夫妻之情，连皇帝生病了都不去看。同治弥留之前，皇后痛哭流涕地去看他，还为同治擦血，慈禧大骂她是妖妇，到了这地步还狐媚惑主，是不是想把皇帝给害死啊？

有一天，皇后实在受不了，偷偷去探视同治，两人说了些悄悄话。阿鲁特氏向同治诉苦，同治安慰她说："你先忍耐下吧，将来肯定会有出头之日的。"

没想到这话传到慈禧那里，慈禧立即赶到皇后面前，对她破口大骂。皇后气不过，当面顶撞了一句："媳妇是从大清门抬进来的，请太后给媳妇点面子。"

慈禧一听这话，更加冒火，动不动就是从大清门抬进来的，这不是对我含沙射影吗？慈禧一怒之下，直接揪住皇后的头发，把她拖出来，大刑伺候。同治听说这事，吓晕过去，慈禧怕同治反应过头，这才停止对皇后动刑。

慈禧要求宗人府的老大惇勤亲王奕誴废掉皇后，奕誴回答说："要废皇后没这么简单，不是从大清门进来的人不能废大清门而入之人，所以奴才不敢遵命。"

听到这话，慈禧都快疯了，没办法，只能忍。

有同治和那帮拥护皇帝的人在，慈禧处处感到深受掣肘，所以她要不遗余力地阻挠同治掌权。而大臣们纷纷以康雍乾的祖制为由，要求慈禧撤去帘子，放权归政。

1873 年，同治皇帝终于举行了亲政大典。为了摆脱垂帘听政的阴影，同治将办公地点从养心殿移到乾清宫，在那里单独召见大臣，独立裁决军政大事。

同治跟他的列祖列宗一样，刚登基都想有所作为。同治认为，只要自己把心血都放在国事上，慈禧一定会认可自己的。他虽然不喜欢这个亲娘，但还是想当然地认为哪个亲娘不希望儿子好呢？

慈禧是这样想的吗？根本不是，慈禧非常迷恋权力，所谓归政其实是说些冠冕堂皇的漂亮话。慈禧最不希望看到的是同治励精图治，她希望同治还像以前那样，吃喝嫖赌，即使要处理国事，也得事事请示自己，继续让自己垂帘听政，只不过这次帘子要垂得更深。

和慈禧相比，同治还太嫩了。可惜他完全无视慈禧，只不过把岁贡银从十万两提升到十八万两。没过多久，慈禧便忍无可忍了。

她随便找了个借口，把同治叫来，臭骂一顿。同治莫名其妙被老太婆骂，自然很不爽，心里十分厌恶慈禧，但慑于她是自己的母亲，不好发作。

看同治不敢抗辩，慈禧的气焰更加嚣张了，明目张胆要求干预政事。母子俩又斗了起来，慈禧要干政，同治坚持要独立裁决。同治忽然有种感觉，这个女人不是自己的母亲，而是一条缠绕在自己权柄之上的毒蛇。

同治很想将她支开，但如何支开是一个关键的问题。机会总算是来了，同治从太监口中得知，慈禧想重修圆明园，把那里当成修养身性的地方。在同治七年（1868 年）的时候，慈禧就想动用国库的钱修筑圆明园，当时清军刚好平定捻军起义，慈禧觉得天下太平了，可以好好享受一番了。这个提议遭到了恭亲王奕䜣的强烈反对，自此以后，慈禧知道，重修圆明园不得人心，不敢再公开提倡此事。

不过人的本性是改变不了的，虽然没有重修圆明园，后来慈禧还是挪用海军经费修建颐和园，进而导致甲午战争大清的惨败。

此时，同治探知慈禧想重修圆明园，想到终于可以送走瘟神全心理政了，他很高兴。这是一个对双方都有好处的决定，慈禧是一个极爱享受的女人，现在同治修园，既可以了却自己的心愿，又不用自己承担骂名。如果她能在圆明园里纸醉金迷、花天酒地，不干政那多好！

同治一提出重修圆明园，大臣们几乎是一片反对的声音。一个叫游百川的御史，他提出的反对意见非常有意思，他说皇帝想尽孝心无可厚非，但重修圆明园很可能再次引来洋人啊！同治一听，气不打一处来，严词质问游百川："你没有父母吗？父母想要什么东西，难道不应该给吗？"

游百川这个人胆子也大，回答说："紫禁城西侧的西苑也不错啊，风景秀丽，花不了多少钱就可以修得很好。这地方也可以用作太后颐养天年的地方啊！"

同治一听，脑子转了一会儿，心想西苑花销虽小，但是离紫禁城太近，如果让慈禧住在这附近的话，估计她还是要干政。

最后，同治把游百川革职。但是国难刚刚过去，国家百废待兴，此时斥巨资修圆明园简直是公开与百姓为敌，要剥天下百姓的皮。同治十二年（1873年）十月，左宗棠西征取得胜利。在前方出生入死的将士们听说慈禧想重修圆明园，都有罢工的冲动。左宗棠也很不爽，他决定暂时缓报胜利的消息，让高层多担点心，或许能打消修园的主意。

左宗棠的想法也很天真，或者说把自己太当回事了。真正给修园制造难题的不是人，而是钱。此时，国家财政空虚，拿不出那么多钱。同治也没办法，只好发起募捐活动，号召大臣们一同为国家分忧解难。大臣们谁愿意掏钱？但是又不能不给同治皇帝面子，只好象征性地拿出一点。

恭亲王奕䜣虽然极为反感修园，但也带头贡献了两万两银子。奕䜣的话说得很有意思，他说自己受恩深重，不敢妄图嘉奖。尽管有恭亲王带头，但是捐款的数目还是很小，不到五十万两银，这些钱只够修墙。

最后修园之事不了了之。

## 皇帝患上风流病

本来为娘的应该希望看到儿子幸福，但天下的事如果都这么简单就好了。

慈禧心里对皇后极为不爽，总想好好虐待一下她。每次皇后见她时，她就一脸阴冷，说话阴阳怪气，含讥带讽，语言就像一根根针一样，恨不得把人刺死。这种态度自然让皇后神经非常紧张，随时担心得罪了慈禧。这无疑给皇后的生活蒙上了一层很深的阴影。

如果把慈禧比作一条毒蛇的话，皇后只不过是只小兔子，慈禧要吃掉她只是时间问题。

慈禧精于政治，擅长挑拨离间的把戏，用在政治上且不说，把政治权术用在家事上就太过分了。同治最厌恶的莫过于慈禧对自己私生活的干涉，慈禧不光让太监留意同治的性生活情况，记录下某天跟某妃同房，还经常责备同治不应该经常跟皇后同房，要“普施雨露”。

慈禧跟皇后的关系太糟糕了，于是就流传着许多神秘的说法。有人说慈禧和皇后相克，慈禧很迷信，所以一早就反对立阿鲁特氏为皇后，担心有一天她克了自己的“大命”。还有一层关系，我们不能忽视，皇后是端华的外孙女，而端华就是被慈禧在辛酉政变中杀害的。

一个皇帝，清帝国的最高统治者，连自己的私生活都不能做主，其心理压抑可想而知。

在同治无比苦恼的时候，他养成了一种癖好，动不动就微服出宫，到花街柳巷中寻找刺激。

大臣桂庆直言规谏：“我说皇上，您现在正是血气方刚之时，最应该戒色。再说了，难道宫内的美女还不够多吗？皇上您尊贵的身体怎么能光临那种污浊之地呢？”

桂庆看自己的话不管用，便上书慈禧，让她好好管教同治。而慈禧巴不得同治胡闹呢，同治越荒淫，她就越有理由再次掌控政权。

桂庆看没人理自己，感到很没面子，干脆辞职回家。

大概是同治十三年（1874年）九月的一天，太监李德立在给同治洗澡的时候，发现同治身上有许多玫瑰样的斑疹。太监皱眉，大喊：“皇上，不好了，您这是……”

太医李德立来了，问同治：“皇上痒吗？”

同治：“不痒。”

李德立心想，完了，如果痒的话还好治，不痒的话就难治了。李德立知道，同治患的是性病，但不敢说出口，只能给皇帝开药。同治吃完药后，红斑消退，以为病情消失，照旧寻花问柳。

冬季到来，同治到西苑后突然感冒，就此一病不起。第二天，他头晕目眩，全身发冷，脸上也出现了红疹。慈禧听了，终于涌出久违的母爱，跑到同治床榻前，发现几天没见，这孩子已经骨瘦如柴。慈禧忍不住抹眼泪，权力毕竟不能泯灭人的天性。

慈禧问太医同治到底生了什么病，太医凑到她耳边告诉了她。

慈禧："不管怎么样，得好好帮我儿子治。"

朝廷正式宣布皇上遇"天花之喜"，让大臣们穿上蟒袍去为皇帝"送喜"。可惜，当时牛痘接种法还没有传到中国。天花是送不走的，同治饱受疾病的折磨，他的身体在不断腐烂，总有呕吐的感觉，简直想把肠子都吐出来。

经过十多天的治疗，病情似有好转。看到同治病情好转，慈禧慌了神。不行啊，万一这小子突然又生龙活虎，那以后我还能掌权吗？

在同治痊愈之前，慈禧要亲手导演一场夺权的阴谋大戏。她命令军机大臣李鸿藻代替自己批阅奏章，李鸿藻可不想卷入是非，只是象征性地在奏章上批阅，然后全部交给奕䜣去处理。

看到权力落入奕䜣手中，慈禧太后很不爽。而同治病情好转只是假象。

一天，慈禧在同治的病床前召见军机大臣，大臣们一一跪拜之后，慈禧拉起被子，对大家说：“你们好好看看吧！”

大家一看，床上的这个人哪是皇帝啊，人瘦成了芦柴棒，脸上全是一些恶心的痘痘，眼睛都睁不开。大臣问安之后都退下了，慈禧让他们到养心殿等候。

养心殿上，慈禧漫不经心地说：“大家都看到了，皇上这样子还能处理政事吗？为国家大计着想，大家都给个说法吧！”

大家都是聪明人，慈禧话还没出口，大家都知道她唱的是哪出戏。但大臣们也不能随便附和慈禧，这大清毕竟还是爱新觉罗的，并不是叶赫那拉的。

看到大家都沉默，慈禧悠悠说道：“皇上这病是怎么染上的，相信大家心里都清楚，一个皇上，丢下国家大事不管，整天跑到污浊之地鬼混，这像话吗？”

慈禧这样一说，大臣们不便吭声，但心里都为同治鸣不平。这时，惇勤亲王奕誴站出来，他毕竟辈分高，是咸丰的五弟，看到慈禧如此欺负人，他主动把一些宫闱秘史抖出来："我这侄子不也是被您老逼得没办法吗？堂堂一个皇帝，跟自己老婆同房都不行？"

慈禧一听，老五想把责任全推到自己的身上，灵机一动，忽然大哭，说自己这些天如何照顾皇帝，几天没合眼。瞬息之间将话题转移。哭完之后，慈禧说，现在同治都这个样子了，我这个为娘的只能多操点心，再帮他把折子全批了，省得他生病时还担心国事没处理完。

说完这些，慈禧一抹眼泪，说："这样吧，训政之事还需要皇上同意，干脆你们集体去劝皇上同意吧！"

慈禧就这么顺利地完成了夺权阴谋，没费多少力气。

## 皇帝皇后化蝶飞

同治的病本来稍有好转，但经过慈禧一番折腾，病情很快发生逆转。

十一月十八日，同治生命进入垂危状态。第二天，同治的腰部红肿溃烂，露出两个溃洞，脓水源源不断地流出。

没多久，同治全身溃烂，大清国的皇帝已被病毒占领，如同一个象征：清帝国被病毒占领，处于畸形和腐烂状态。

二十五日，同治的腰部和臀部已经连成一团腐烂的浆水，大清国的皇帝就快变成一堆腐肉了，连太医看到皇帝都忍不住要恶心。

二十九日，同治凝聚最后一口气，召见诸臣。其实，也没什么要事，君臣之间只有一些简单的对话，双方心里都很难受。谁也不希望看到同治皇帝这样，当初皇帝混迹于花街柳巷，群臣建议他保重龙体。同治不但不听，反而责骂大臣，想到这一节，他心里充满了悔恨。

同治并没有安排后事，在大臣们的安慰下，他依然相信自己的病有好转的一天。

三十日，同治的病情进一步恶化，病毒正在侵蚀他最后一点生命。十二月初一，同治已经不成人形；到了初三，他已经是个脓状体了；初五，病毒彻底征服了同治，他缓缓闭上年轻又死灰的眼睛，这眼睛在最后的时刻流出死气和一丝疑惑。这疑惑是对生命的疑惑，是对人性的疑惑。同治最后的念头或许是：这一切是宿命，老爸是这么死的，自己也是这么死的。

据说同治临死之前头脑也还清楚，他想效法老爸，搞个临终托孤。虽然同治没有“孤”，但为大清国托一下，我们姑且理解吧！同治找的人是帝王师李鸿藻，当时皇后也在身边，同治先是问皇后："我死后找谁来做皇帝呢？"

皇后哭道："国赖长君，臣妾不愿弄个小皇帝像当今太后一样弄权。"

同治一听，目光转向李鸿藻："爱卿啊，朕决定立载澍为储君，让他继承大统吧！"载澍是康熙长子允禔五世孙，后来过继给道光的第九子为嗣。

李鸿藻一听，"哦哦哦"地记下了同治的遗诏。这个李鸿藻是个精明人，他知道皇帝的遗诏是无效文件，未来储君的决策权在慈禧那儿。所以他前脚从同治那里出来，后脚就进入西太后的大门里，将皇帝临终顾命之事和盘托出。

太后听完后将临终遗诏撕成碎片，扔进火炉里，口里还骂着："这个混蛋儿子，还有那个小狐狸精，合伙来坑我。老李，你给我听着，让人把皇上的药给停了。"

这个传闻不知是真是假，不过可以肯定的是载澍当时还年幼，并不适合做储君。如果不是同治头脑糊涂，那么这个传闻就是后人编造的。

同治短暂又痛苦的一生终于结束了。他的一生，可悲又可叹，罪恶又无奈。留给皇后阿鲁特氏的是地狱，暗无天日的地狱，从此她将生活在慈禧的魔爪之下。

皇后哭成了一个泪人儿，她有太多的理由去哭，她伤的不只是情，她伤的是性命。

说实话，同治这么一死，除了皇后，没有人真正哀痛他。慈禧没准儿这会儿还在偷着乐；那些后妃，要指望他们对同治皇帝有感情，很难。至于大臣们，难过归难过，毕竟相隔好多层，在他们眼里，皇帝毕竟只是一个位子，皇帝死了，还会有人来做。

皇后难过归难过，还不能像大雁那样殉情，同治无后，国事交给谁来处理呢？皇后决定挑起这个担子，皇后有责任心是好的，但这无疑是自找麻烦。

慈禧的意思是立载湉为储君，载湉是奕譞的儿子，慈禧准备把他过继给咸丰，自己继续当太后。皇后听到这个消息，那是非常悲愤的，同治死了，理应从宗族中挑选一个过继给同治，再由他入承大统，自己当太后，慈禧当太皇太后。没想到，慈禧直接为咸丰挑儿子，那意思就是撇开自己。

皇后找到慈禧，想做最后的抗争，皇后的第一句话就是：“不管怎样，不可以让大行皇帝无后。”

慈禧一听，冷笑道：“大行皇帝无后，你这媳妇倒有理了，如果有个争气的媳妇，说不定大行皇帝早就有后了。”

皇后一听，泪如泉涌：“是……是我的错，是我辜负了大行皇帝，但现在太后这么做又是怎么回事呢？”

慈禧暴怒：“立储之事由我跟东太后说了算，你不要进来搅和，小心说了不该说的话，哀家赐死你。”

皇后：“死就死，有什么了不起，我早就想死了，至少得为大行皇帝立嗣，我才能去死。就算死，我也是从大清门里抬出去。”

“你……”慈禧愤怒地说，“你敢羞辱哀家，你找死啊？来人哪，给这个贱人掌嘴。”

“慢着，”慈安赶过来说道，“姐姐不要动气，皇后她也是为了大行皇帝好，大家各让一步。”

皇后的父亲崇绮一看女儿跟太后对着干，担心她遗祸家族，竟然跑到慈禧面前说自己女儿这不好那不好的。慈禧冷笑道：“崇绮，我看你也是个聪明人，大行皇帝去世后，皇后悲痛欲绝，我们就遂了她的心愿，让她跟大行皇帝一块儿去吧！”

崇绮一听，连忙说道：“老佛爷英明。”

崇绮回去后，让人给女儿送去了一个食盒，皇后打开一看，发现里面空空如也，顿时明白，父亲这是让自己绝食而死，以免连累家人。在同治去世后七十多天，皇后绝食而死。

皇后殉夫后，慈禧对外界声称：“皇后跟大行皇帝的感情很深，坤仪天下，加封为嘉顺皇后。”

# 第二章　衰败时局下的自强运动



慈禧这么一整，把恭亲王的锐气全整没了。他算是懂得了一个道理，一个人再有本事再有能力，在慈禧面前也得像个奴才，这毕竟不是跟外国人打交道。奕䜣这么一畏缩，影响的还不只是他个人的生活，还影响了整个洋务运动，以后做啥事他都瞻前顾后的，跟以前判若两人。

## 慈禧击败奕䜣

刚开始的时候，慈禧什么都靠奕䜣，两人之间的合作看起来也比较愉快。奕䜣权势熏天，顶着这么多的职位：议政王、首席军机大臣、宗人府宗令、总管内务府大臣、总理各国事务衙门大臣，地位之隆在当时无出其右。在浩荡的恩宠中，奕䜣并没有昏头，他知道这是一种阶段性的荣耀，他时刻牢记着“进退自如”四个字。



同治四年（1865 年）三月初四，慈禧太后开始对恭亲王奕䜣发难。慈禧召见奕䜣，对他说：“有人弹劾你，这是奏章。”

奕䜣：“谁？原来是蔡寿祺，他……”

慈禧：“他怎么了？”

奕䜣：“没什么，有人弹劾也很正常嘛！”

蔡寿祺是四川人，以前是胜保的好朋友，后来担任起居注官，也就是说他有更多的机会接触内廷，接触皇帝和慈禧太后，能够在第一时间内掌握皇帝和太后的心理和情绪。如果不是看到太后对奕䜣不满，他就是吃了豹子胆也不敢弹劾恭亲王。他这么做，很显然是背后有太后撑腰，奕䜣也不是傻子，对此心知肚明。

奕䜣无力地说：“蔡寿祺这个人人品不行，希望太后不要相信他，他以前就招摇撞骗，应该绳之以法。”

慈禧怒目说道：“打住，现在究竟是谁有罪，恭亲王，你不要为了逃避责任，信口泼污水。”

奕䜣在心里大骂：慈禧，你想整死我就直说啊，玩这些把戏。

果不其然，隔日，慈禧召集内阁大臣，当着这些元老的面，一把鼻涕一把泪地说："恭亲王这个人要不得啊，以前我们孤儿寡母相信他，没想到现在擅权作威，欺负我们母子，大家说说，我们还要不要活下去了？"

大臣们比猴还精，现在形势还不明朗，自然不便表态。奕䜣手握重权，慈禧心机很深，这两人如果真斗得你死我活，未必能分出胜负。所以最好的对策是让他们去斗，自己保持中立，谁赢了就支持谁。

慈禧一看这架势，脾气上来了："大家想想先帝吧，好好想想先帝吧，你们现在这个态度对得起先帝吗？任何一个正直的大臣都不应该畏惧权势，应该仗义执言，以国家大局为重。再说了，恭亲王又不是老虎，难不成他会把你们吃了？"

周培祖是最圆滑的一个人，慈禧说完，他笑眯眯地说："哎，太后啊，这种事只有你们两宫才能决断，我们这些臣子晓得什么呢。大事还得太后自己拿主意啊！"

慈禧生气地说："那要你们这些大臣干吗呢？国家需要你们的时候你们退缩，像话吗？"

周培祖还算镇定，整理整理情绪，说道："太后，让臣等给恭亲王治罪也得有真凭实据，所以这事还得从长计议。”

周培祖和倭仁开始审问蔡寿祺，让他拿出证据，蔡寿祺说：“我也是听别人说的，哪里有什么证据？”倭仁：“你拿我们消遣啊，没证据也得拿出证据，否则卸掉你两条胳膊。”蔡寿祺：“凭啥啊？”倭仁：“就凭你诬告。”周培祖：“行了行了，蔡寿祺，你先回吧！”

蔡寿祺走后，倭仁问：“这下咋办呢？”

周培祖：“我看这次太后是有备而来，证据这些东西都是次要的，现在关键是太后已经有了心思。”

倭仁：“你是说？”

周培祖点头：“所以我们一定要给恭亲王定罪，削弱他的权力。”

周培祖上了一道奏折，大意是说恭亲王在理政过程中有一些不规范的地方，可以适当考虑削弱他的职权，一切听候太后裁断。

恭亲王是个性格比较高傲的人，所谓理政不规范就是不够低调，总是出风头，不能谦抑自己的本性。就拿用人来说，奕䜣重用汉人，慈禧很不高兴，曾对他说：“干脆我们把这爱新觉罗的江山拱手让给汉人，你说好吗？”

奕䜣跪在地上说：“太后不必说气话，现在国家有难，正是需要人才的时候，干吗管他是满是汉呢？”

慈禧：“好你个恭亲王，你处处跟哀家作对，你以为哀家不敢革了你吗？”

奕䜣听了也上火，咸丰一个妃子，竟敢教训道光最爱的儿子，说道：“臣是皇考的第六子，你就算革了我的职，也不能革去我的皇子身份，你看着办吧！”

慈禧第一步就是革掉恭亲王的议政王职位。想当年韩信被吕后所杀，曾发出“兔死狗烹”的感慨。现在轮到恭亲王了。

惇勤亲王奕誴赶紧站出来，说恭亲王是被人诬陷的，所参不实。慈禧已经下定决心要拿掉恭亲王了，硬是罢免了恭亲王议政王、军机大臣的职位。后来军机大臣文祥等人建议恭亲王服软，向太后认错，并让出内务府大臣的职位，这个职位是用来限制慈禧的，让出这个职位等于是表明以后不管你慈禧怎么花钱了。

还别说，这两招还真管用，慈禧是个有仇报仇有恩报恩之人，你给了她好处，她也会让你三分。再说，恭亲王堂堂一个大男人，在太后面前痛哭流涕，尊严扫地，确实让太后心情舒畅了许多。恭亲王是真哭还是假哭我们不知道，不过这一招真的很奏效，不是慈禧心软，而是她看到了恭亲王认输。

慈禧玩弄着指甲，漫不经心地说：“好了，别哭了，你继续在军机处上班吧！议政王这个职位就免了吧！”

慈禧这么做无非就是想告诉恭亲王：看清楚了，这里谁说了算。

慈禧这么一整，把恭亲王的锐气全整没了。他算是懂得了一个道理，一个人再有本事再有能力，在慈禧面前也得像个奴才，这毕竟不是跟外国人打交道。奕䜣这么一畏缩，影响的还不只是他个人的生活，还影响了整个洋务运动，以后做啥事他都瞻前顾后的，跟以前判若两人。

就在慈禧弄权之时，曾国藩跟幕僚赵烈文说了一番意味深长的话。

曾国藩：“我听从京城里过来的人说，现在皇城里气象不怎么好啊，有人在街上明目张胆地抢劫，城里乞丐扎堆，没衣服穿啊，看来国家民穷财尽了，以后怎么了得啊？”

赵烈文：“您就别操这个心了，国家有国家的命运，我们这些凡夫俗子管得了吗？大清统一了这么多年，肯定会分裂的。不过，大清也算是出了几个明君，仗着余威估计不会在瞬间土崩瓦解。所以，我觉得灾难肯定不会率先在中枢机构发生，倒是可能在地方督抚那儿，等各省各自为政时，大清就玩完了，而且不出五十年就能看到这一切。”

曾国藩：“那是不是还得像宋朝皇帝一样南迁？”

赵烈文："您就别操心了，南迁不可能了，中原陆沉，改朝换代。"

曾国藩："幸好我活不到那年头。"

赵烈文："您活不到才可惜，活到了没准儿这江山……"

曾国藩："嘘，打住打住！"

奕䜣跟曾国藩的命运差不多，两人都是了不起的人才，但朝廷只有在碰到大事的时候才用他们，平常无事的时候奴才吃香。





## 只触及皮毛的洋务运动

在比较中国近代史和日本近代史的时候，最让人不解又生气的一个问题是：日本一次明治维新就把国家内部的问题搞定了，中国前前后后折腾了很多次，搞了许多回，就是做不到富国强民。

当时恭亲王的感觉是：不能再这样下去了，要穿过内斗的暴风雨，宁愿清醒痛苦地活着，也不要在天朝上国的美梦中麻痹自己。是时候向西方学习，来一场轰轰烈烈的自强运动了。

像曾国藩、左宗棠、李鸿章这些人对洋务运动那是非常欢迎，他们就靠洋人的枪炮打胜仗起家，心里都觉得洋人的东西就是好使。

李鸿章原本是希望老师曾国藩能领导这场洋务运动，但曾国藩这个人太精明，绝不会傻到挑这个头。这个头只能由恭亲王来挑，老佛爷在后面有选择性地支持。

当时清政府聘请了一个洋人当海关总税务司，这个人就是英国人赫德。赫德这个人很有职业精神。他二十几岁时担任这个职位，一做就是四十多年。赫德这个人很有能力，当时大清各个衙门里一片腐败，唯独海关一枝独秀。

赫德当时给清廷高层写了一本类似于战略白皮书的小册子，系统地提出了大清改革的大计。

湖广总督官文说赫德的所谓战略里“包藏祸心”，江西巡抚刘坤一也说“万万不能照赫德说的做”，两广总督瑞麟说“要富强，靠自己，洋人能帮我们什么”。

这个赫德到底提出了什么建议呢？我们就挑重要的来说。

首先，这个洋人第一眼就看出大清当时很大的问题是官场腐败，他说如果不把官场治理好，将来大清就无法立足，会分崩离析的。其次，军队问题很严重，军队懈怠，士兵不肯尽力，将领们贪生怕死、贪污受贿，这样下去军队只会变得不堪一击。还有，就是教育，这些八股文教的东西啊，一点用都没有，之乎者也看得人头晕。这些都得改，当然赫德也考虑到别人骂自己“包藏祸心”，并不敢真正触及科举制度，只是说在科举之外也要提倡西式教育，学以致用。说到制度改革，他也提到应当有变化，要一步步来。

## 列强说白了是一群狼

以前清朝统治者对洋人是拒之千里之外，现在给人打几次打怕了，也只好采取合作的姿态了。

四个国家中，以美国姿态最低，毕竟人家是反抗强权建国的。美国国务卿西华德对美国驻中国公使蒲安臣说：“在中国，一切重大的问题要协商合作；在维护我们条约权利所必需的范围内保卫条约口岸……支持清政府在维持秩序方面的努力；在条约口岸内，既不要求，也不占用租界，不用任何方式干涉清政府对于它自己的人民的管辖，也永不威胁中国的领土完整。”

美国的“合作政策”一提出来就得到了其他列强的热烈响应，毫无疑问，这种政策能够让他们获得更多的利益。从某种意义上来说，洋务运动也是在列强的督促下实施的，列强当然不是希望中国强大，而是希望接受他们的思想，并在中国更自由地通商。

蒲安臣是美国公使，负责执行西华德的政策，由于蒲安臣推行一些“平等”的理念，赢得了恭亲王奕䜣的好感，奕䜣对他给予了高度的信任。同治六年（1867 年），蒲安臣要回国，清廷竟任命他为“一统办理各国中外交涉事务大臣”，这等于是把清政府的外交事务交付给一个美国人，由此可见蒲安臣和奕䜣之间的关系。

蒲安臣回国后，以清廷的外交代理人身份与美国国务卿西华德签订了《中美续增条约》，这个条约虽然是以平等的语气签订的，但是不是平等还得看内容。在条约中，提到了两国友好，可以自由平等地来往。这话非常好听，其实了解美国历史的朋友都知道，在这段时间，美国正处于经济大开发阶段，需要大量的劳动力，蒲安臣的目的很明显，就是从中国引进大量的劳动力。

到光绪即位，清朝已经有二十多万劳动力前往美国了，他们主要从事最艰苦的工作，如修铁路，挖煤矿、金矿等。事实证明，美国的“合作外交”带有一定程度的欺骗性质，这些华工到了美国后，生命和财产安全得不到保障，不少人猝死在工作岗位，最令人气愤的是许多白人迫害华人，无辜被杀的华人不在少数。

我们再来看看教案问题。教案问题是晚清一个很大的问题，许多外交危机都是由教案引起的。传教士与官方的冲突倒不是很明显，教案冲突主要还是一种文化冲突。再加上清政府与列强的战争中，清政府一再战败，这无疑让老百姓在心里对洋人留下了糟糕的印象。

清廷让曾国藩处理教案事件。曾国藩为了息事宁人，似乎有意“偏袒”洋人，结果引起了公愤。其实曾国藩也没有办法，他从大局着想，不可能纵容那些暴民。暴民容易被愤怒左右，而愤怒从来不能解决问题，只会让问题变得更糟。清朝廷本来对曾国藩存有疑心，正好借着这个由头，让李鸿章替代曾国藩，曾国藩被调回原来两江总督的位置。

接下来，我们应该重点说说日本。中国近代最主要的精力还是和日本较量，而且在这个较量过程中，我们一输再输。日本模仿勾践，卧薪尝胆，韬光养晦，在不知不觉中发展国力。

一旦军事实力和经济实力崛起，日本立即积极推行对外扩张政策，朝鲜就是日本向东亚扩张的跳板。日本积极对朝鲜展开外交攻势，外交攻势往往是军事进攻的一个前兆。李鸿章特派袁世凯前往朝鲜处理日本问题，袁世凯是一个态度强硬的人，在朝鲜问题上有得有失，但最终还是没有阻止甲午中日战争的爆发。

至于中俄关系就更不是一两句话能说得清楚的，从康熙开始，中国与俄国就没有安宁过。伊犁叛乱发生后，清廷曾希望俄国能够伸出援手，但俄国毫不留情地拒绝了。俄国想占领伊犁，控制新疆。左宗棠西征大军来到后，与俄国进行了交涉。最终左宗棠兵锋犀利，俄国慑于他的威势，不得不放弃控制新疆的企图。

这一时期是暴风雨酝酿的时期，列强环伺，而清政府又缺少一个能够纵览世界大势的领袖。清政府内部问题相当多，统治阶级在许多问题上意见都是分裂的，这样一个低效率、互相牵制的政府显然不足以应付这么多的内忧外患。

# 第三章　打仗还得靠左宗棠



晚清史是一段屈辱史。左宗棠西征总算给清廷打了一针兴奋剂，收复了新疆一百多万平方公里的土地。左宗棠能立下这么大的功劳，不光是因为他善于用兵，更是因为他有一股强烈的爱国精神。在出征的时候，左宗棠让士兵抬着自己的棺材，由此可见他战死沙场的决心。

## 左宗棠不爽李鸿章

鸦片战争后，中国就没少受到炮火的攻击。

1874年，日本悍然发兵我国台湾，清政府竟然被这样一个弹丸小国欺负，而且还要赔给日本一笔巨款。这场战争让清廷意识到中国海防的薄弱。以李鸿章为首的总理衙门呈上了一份奏折，强调必须加强海防，重点提出练兵、引进新式武器、多造船的策略。前任江苏巡抚丁日昌呈奏《海洋水师章程》，请求建立北洋、东洋、南洋三支海军。

李鸿章更是呈奏了一篇“万言书”——《筹议海防折》，条分缕析，说中国江海门户大开，敌人可以随便出入，这是非常危险的事，只有建立一支现代化的海军，才能确保江海门户的安全。如果李鸿章只是建议加强海防的话，倒不会引起太多的争执，关键的是他还说自古清廷一直重视西北的边防，但现在形势发生了改变，清政府应该更加重视海防。

李鸿章的意思是清政府应该把海防当成头等大事，至于西北边防相对没有那么重要，李鸿章还抱怨说西北即使平安无事，每年还耗费三百多万两银子，很不值。当时，新疆问题很严重，俄国军队已经侵入伊犁，左宗棠听说李鸿章建议暂缓西征，立即跳了起来。

左宗棠当时是陕甘总督，主持西北的防务，如果清廷采纳李鸿章的建议，必定削减西北的军费。左宗棠立即上了一道奏章：“海防固然重要，塞防也很重要，两者不可偏废，新疆一定要收复。”

清廷经过反复考量，接受了左宗棠的建议：海防与边防并重；一面任命左宗棠为钦差大臣督办新疆事务，一面让李鸿章办理北洋海防事务，沈葆桢办理南洋海防事务。

当时清廷财政比较拮据，最后不得不放弃同时建立三支海军的打算，决定先打造北洋海军。李鸿章着手建立北洋海军后，建议朝廷购买外国战舰，清廷没办法，只好在国外购买了 46 艘战舰。此外，福州船政局和江南制造局也造了 23 艘小型舰船。

1885 年 10 月，清廷成立总理海军事务衙门。1888 年海军衙门制定了《北洋海军章程》，任命丁汝昌为北洋海军提督，留英的海军人才林泰曾、刘步蟾为总兵。除了北洋舰队之外，清廷也在陆续建立广东、福建、南洋三支舰队。

## 抬着棺材上战场

清朝时，新疆动乱频繁。

1864 年，新疆爆发了反清武装起义，整个新疆陷入动乱和割据之中。1865 年，浩罕汗国在英国的支持下，派遣大将阿古柏入侵新疆。阿古柏进入新疆后，先后剿灭新疆的割据势力，自封为“洪福之王”。之后，阿古柏又攻占了吐鲁番，翻越天山后，又占领了乌鲁木齐。

阿古柏还和英国、俄国勾结。1871 年，趁阿古柏北进之机，沙俄入侵伊犁，并放话说伊犁永远归俄国管辖。左宗棠就是在这样的情况下，受命收复新疆。当时左宗棠已经六十岁左右，而且身体还有病。左宗棠是一个战神，国家有战事，怎肯因病推辞?

1876 年，左宗棠率领三路清军向新疆进发。进入新疆后，左宗棠制定了“先北后南，缓进速战”的战略，先收复了乌鲁木齐及其周边地区，然后开始攻打吐鲁番，战神出手，果然不凡，不到半年时间，左宗棠就收复了北疆大部分地区。

进入南疆后，左宗棠号召新疆各族人民拿起武器，共同进击侵略者。1877 年，阿古柏被左宗棠打败，兵败身亡。1878 年，左宗棠又收复了和田，处决了勾结外敌的金相印。至此，除了伊犁外，新疆全境已收复。

晚清史是一段屈辱史。左宗棠西征总算给清廷打了一针兴奋剂，收复了新疆一百多万平方公里的土地。左宗棠能立下这么大的功劳，不光是因为他善于用兵，更是因为他有一股强烈的爱国精神。在出征的时候，左宗棠让士兵抬着自己的棺材，由此可见他战死沙场的决心。

左宗棠很清楚，征途还没完，新疆还有一座孤城等着他收复。这次，左宗棠面对的是俄国人。左宗棠开始整顿兵马，指挥三军再出玉门关，将大军部署在哈密，准备跟俄国人大战一场。

俄国当时正在克里米亚地区作战，看到左宗棠兵临伊犁城下，觉得如果跟左宗棠硬拼可能讨不到好处。左宗棠军队的锐气沙俄是亲眼看到了，事到如今，他们觉得还是谈判为妙。

1878 年，清廷派遣吏部右侍郎崇厚前赴伊犁和俄国谈判。崇厚根本不是谈判的料，在狡猾的俄国人面前，他一再被愚弄，于第二年和俄国人签订了《交收伊犁条约》。根据条约，清廷赔偿俄国五百万两白银，并将伊犁以南和以西的土地割让给俄国，允许俄国商人到新疆和蒙古经商并全部免税，还必须允许俄国人经过新疆到天津、汉口和西安通商……

这个条约签订后，清廷上下一片沸腾；慈禧一怒之下将崇厚革职查办，刑部判定为“斩监候”。随后，清廷照会俄国：崇厚没有权力签订这个条约，条约无效。清廷决定另派代表和俄国谈判，这次派遣的人是曾国藩次子曾纪泽。清廷一面让曾纪泽去谈判，一面让左宗棠调兵备战。

俄国人好不容易忽悠崇厚签订了《交收伊犁条约》，听说清廷宣布条约作废，顿时恼羞成怒。俄国公使闯进总理衙门，对着清廷官员叫嚣："你们敢撕毁条约，我们就动武。"

1880年，曾纪泽抵达俄国。双方开始了一场艰苦的谈判，俄国代表坚称条约不能作废，不仅不能作废，连修改都不行，甚至还要中国将沿海地方作为通商港口，还要清廷增加赔偿，否则就用武力说话。

为了给谈判增加筹码，俄国向伊犁增兵，还在黑龙江以北、乌苏里江以东部署重兵。曾纪泽在出发前，李鸿章就叮嘱他："通商的事好商量，但是领土一定要保全。"曾纪泽毕竟是曾国藩的儿子，虎父无犬子，经过半年艰辛的谈判，1881年，双方签订了《伊犁条约》。根据新条约，中国收复伊犁和特克斯河流域的两万多平方公里土地，俄国商人可以在新疆自由贸易，不需要缴税，此外给俄国赔偿五百多万两白银。

虽然这也是个不平等条约，但相比上一个条约要好许多，在中国四面楚歌的境地下，能够争取到这样的利益已经很不容易了，所以我们也不能苛求曾纪泽，谈判毕竟还是要用国力说话的。

《伊犁条约》签订后，清军入驻伊犁。左宗棠担心新疆会再次出乱子，奏请刘锦棠出任新疆巡抚，受陕甘总督节制。在左宗棠和刘锦棠的努力下，新疆局势得以稳定下来。

## 强悍的冯子材

西北战事才平息，东南沿海一带战火又烧了起来。

1883年，法国入侵越南，清政府也介入了这场战争。左宗棠、曾纪泽、张之洞这些军事能力比较强的人纷纷主张对法作战，李鸿章却倾向于求和。

清廷高层主意未定，一方面派遣军队进入越南，另一方面再三叮嘱千万不能主动袭击法军。

这种自相矛盾的态度大大削弱了前方将士的士气。战争一开始，清军就全面溃败，最后，慈禧罢免恭亲王，让李鸿章与法国人谈判。李鸿章在天津与法国代表签订了《中法会议简明条约》，承认法国对越南的保护权，承诺撤回边境上的清军。

详细的条款由曾国荃与法国代表谈判。中法双方谈判时，法军却很不安分，屡屡在中越边境上滋事。随后，法军准备由海路进攻福州。在福州马尾海域，中国海军第一次与法军展开了激战。

马尾港位于福建福州东南，福州造船厂就在这个港口里。

马尾港是一个河港，四面环山，水很深，可以停泊战舰。这里是一个重要的军事港口，到处是炮台。法国远东舰队司令孤拔居然将舰队驶入马尾港，还声称自己不过是来旅游。

当时清廷有个政策：不可对列强轻启战端。所以，福建海疆大臣张佩纶和闽浙总督何璟非但没有阻止孤拔，还盛情款待法国海军，仿佛五百年前是一家。

1884 年 8 月 22 日，法国政府电告孤拔，让他歼灭中国福建水师。孤拔准备第二天下午开战，在这个节骨眼儿上，福建海军很多官兵上书李鸿章，请求派遣北洋水师来增援。李鸿章是主张求和的，下令福建海军不要抵抗。8 月 23 日上午 8 点，法国驻福州副领事白藻泰向何如璋发出最后通牒，让福建海军立即撤出马尾港，否则就开战。

何如璋接到法国人的通牒后，不仅没有备战，反而请求法国人宽限几日。没想到孤拔说到做到，当天下午就炮轰马尾港，福建海军虽然备战不足，但还是进行了激烈的反击。战斗持续的时间很短，仅仅半个小时就分出了胜负，福建舰队十一艘舰艇全部被击沉，伤亡七百多人。法军方面，两艘鱼雷艇受重创，死伤三十多人。

第二天，法军将马尾港的造船厂摧毁，之后，又将马尾港两岸的炮台击毁。

马尾海战是中国创建海军以来第一次作战，没想到开门黑，居然全军被法国吃掉。

战后，清廷认识到法国人的真面目，不得不在 8 月 26 日对法军宣战，并派遣陆军进入越南，准备与法军同时展开陆战和海战。

在海上战场，法国舰队进攻我国台湾，占据基隆。台湾巡抚刘铭传兵力不足，在淡水一带坚守。法军尽管占领了基隆，但是无法再推进，他们不断地侵犯台北，并骚扰浙江沿海。清军奋起反击，让法军难进咫尺，在攻打招宝山炮台的战斗中，孤拔的座舰被击中，孤拔本人身受重伤，不久便死去了。

在中越边境地带，中越也正在进行激烈的交火。

1884 年年底，越南军将领刘永福配合清军将宣光城中的法军围困了三个多月，法军在陷入绝境的时候，援兵赶到，对驻扎在谅山的清军发动了进攻。当时指挥清军的是广西巡抚潘鼎新，他看法军来势凶猛，下令后撤。法军就这样轻松占领了广西的门户镇南关。占领镇南关之后，法军还在关前废墟上面竖立一个木牌，上面写着：“广西的门户已经不存在了。”

潘鼎新抵抗不力，清廷革去他巡抚之职，任命年近七十的冯子材取代他。冯子材是一个身经百战的老将，他到广西后，积极备战，挖掘防御工事。3月23日，法军兵分三路，进攻清军基地。在冯子材的指挥下，清军作战勇猛，成功击败法军。第二天，法军再次猛攻清军基地，冯子材亲临长墙，对将士们说："如果再让法军入关，我们有什么面目回去见家乡父老呢？"说完，冯子材手持长矛，跳出长墙，和法军展开肉搏。清军上下看主帅如此英勇，个个舍命冲上去。法军万万没料到清军会如此英勇，抵挡不住，纷纷溃退。

就这样，冯子材取得了镇南关大捷；随后，冯子材又乘胜出击，收复了谅山。谅山一仗，清军击毙法军一千多人，缴获了大量的武器和粮草。这是法国在侵略越南和中国以来遭遇的最大一次挫折。清军之所以能取得这样的胜利，首先要感谢冯子材这样铁骨铮铮的爱国将领。

镇南关大捷之后，李鸿章立即以此为筹码，让法国回到谈判桌上来。双方签订了对中国不平等的《中法新约》，当时很多人很气愤，说："法国不胜而胜，中国不败而败。"

# 第四章　太后垂帘，光绪紧张

光绪是一个胆小的孩子，最怕打雷，读书的时候，如果碰到打雷，都会吓得跳进老师的怀里。翁同龢就抱着他，安抚说：“别怕别怕，很快就过去的。”

## 又一个傀儡皇帝

同治去世后，继承人问题摆在大家面前。选择谁当皇帝好呢？

这时候，慈禧太后大权独揽，一般人是没有发言权的。太后必定是选择一个跟自己关系近的人当皇帝，而且还必须是个年幼的孩子，只有这样才能确保将权力牢牢控制在自己手中。

说实话，这时候皇室中最有实力的也就是恭亲王奕䜣了，奕䜣能力突出，在大臣中有很高的威望，可以说具备当皇帝的基础。但慈禧肯定是不允许这样的事情发生的，奕䜣如果当皇帝，她这个太后就不用混了，迟早得回后宫天天看戏。而且奕䜣如果当皇帝，会削弱咸丰和同治的地位，他本来就是咸丰的竞争对手。奕䜣当皇帝对国家有好处，但是对太后很不利，考虑到太后已经将朝政基本控制在手中，奕䜣没有当皇帝的可能。

最好的情况是在同治的下一辈中选择一个溥字辈的当皇帝，这样同治就有父皇之尊，然而慈禧并不希望这样的事情发生。为什么？因为慈禧已经是太后了，如果再选溥字辈的，她就变成了太皇太后。太皇太后地位固然尊崇，却不便实行垂帘听政。为了继续垂帘，慈禧决定还是在同治的兄弟中选择一个。

慈禧心里其实早有了合适的人选，但她并没有直接提出来，而是装模作样地召集大家在养心殿东暖阁讨论。

大家讨论来讨论去，意见不统一。慈禧要的就是这个效果。这时，慈禧对李鸿藻使眼色，李鸿藻立即站出来说：“醇亲王奕譞之子载湉适合继承大统，等载湉有了子嗣，立即过继给大行皇帝。”

慈禧点头：“李大人的意见很好，载湉的血缘与大行皇帝比较近，又是大行皇帝的弟弟，适合入承大统。”

慈禧还提出，将载湉（光绪）过继给咸丰，这样一来，她还是母亲，还是皇太后。

大家都知道，光绪的母亲是慈禧的亲妹妹，慈禧一表态，大家都懂是什么意思了。

没人敢提出反对意见，不过反应最激烈的还是载湉的父亲奕譞。听说自己的儿子要当皇帝，他不但不高兴，反而觉得大祸临头，双脚瘫软，突然跪在地上大哭：“太后啊，载湉何德何能可以当嗣皇帝，请太后另择贤能吧！”

看到他如此反应，慈禧倒心安了：你还知趣，知趣的人会有好报的。

当时载湉只有四岁，小小年纪自然什么都不懂。他在家里玩耍的时候，忽然有人把他抬到皇宫里去。从此以后，载湉就变成了慈禧的儿子。

王公贵族虽然不敢对慈禧的所作所为提出反对意见，但朝中不乏敢于直谏的正直官员。内阁侍读学士广安就是其中一位，他上了一道奏折，首先肯定慈禧的做法是为大清考虑，接着又要求颁布铁券，明确将来光绪帝的子嗣永远过继给同治帝，他还建议慈禧召集王公大臣一起讨论。广安的奏折表面上是赞同慈禧，其实是对慈禧的所作所为表示不满，他担心慈禧将来还会任意废立，所以想用铁券约束慈禧。

慈禧是一个老谋深算的女人，自然不会看不出广安的动机。慈禧下了一道懿旨，严厉批评广安，让他老老实实的，不要多管闲事。

慈禧这招并没有起到杀鸡儆猴的作用，吏部主事吴可读是一个相当刚烈的人，慈禧的所作所为让他联想到汉朝的吕后。他觉得长期下去，大清必有大难，思前想后，居然选择了尸谏。吴可读希望用自杀的方式引起大家的注意，他还留下了一封遗书，在遗书中说慈禧为咸丰立嗣，没有为同治立嗣是大错特错，吴可读要求慈禧降旨，将来大统仍然归于同治。吴可读还说，如果破坏了祖制，是毁坏国本的行为。

面对尸谏，慈禧居然没有大怒，而是一招太极，巧妙化解。她居然对大臣们说："吴大人的意见哀家不是没有考虑过，不过这事情还得大家再讨论一下。"

慈禧早已提前跟一些官员沟通过，大家纷纷站出来谴责吴可读，说他勇气可嘉行为不妥。就在大家把吴可读批评得一无是处的时候，慈禧却站出来说："吴大人的心意是非常好的，这种为国尽忠不惜一死的精神值得大家学习，但是他思想错了，好心办了坏事。无论如何，对于这样的官员我们应该保留一份敬意。”

双簧戏唱完，再也没有反对的意见了。

## 可怜孩子遇上慈祥恩师

光绪帝从小就是个体弱多病的孩子，他本应该在母亲的膝下过一种简单快乐的生活，这对于他的成长才是有利的。

当他被接入皇宫中时，就注定了命运的悲剧。

慈禧还不让光绪叫自己母后，而是称呼自己为“亲爸爸”。为什么要叫“亲爸爸”呢？这跟慈禧身上的权欲和男性气质是分不开的，作为一个女人，她很希望像男人一样君临天下。太后这个身份总让她觉得有所缺憾，光绪虽然是过继来的，但她很希望这孩子把自己当成是父皇，而不是母后。

儿子当上皇帝后，醇亲王是非常担心的。慈禧跟自己亲儿子同治之间的剑拔弩张他是看在眼里，他很担心这样的命运将来会出现在自己儿子身上。在载湉刚刚出生时，醇亲王曾经为他算过命，算命先生说这孩子将来有当皇帝的命，可惜一生充满坎坷啊！

当时，醇亲王不信，心想我不过是一个王爷，儿子怎么可能当上皇帝。现在儿子真当上了皇帝，他才知道算命先生所说不虚啊，现在最让他提心吊胆的是“一生坎坷”。醇亲王总觉得，与其做一个命运坎坷的皇帝，倒不如安享平凡的幸福。

当然，他很清楚，自己操再多的心也不管用，儿子的命运完全掌握在慈禧手中。

光绪现在还小，什么都会听“亲爸爸”的，但是将来这孩子长大后，是不是还这样听话呢？慈禧可不敢保证，所以必须在他年幼的时候，把他塑造成自己需要的傀儡。

进宫之后，光绪接连失去了父爱母爱，整天要面对的是一个冰冷的“亲爸爸”。尽管年纪很小，他很快就明白，自己的命运就掌握在这个“亲爸爸”手中。“亲爸爸”一个不高兴，可以随意处置自己。

连梁启超都说，中国皇帝中最苦的莫过于光绪帝，一般人都有父母之爱，可以在父母面前撒娇，只有光绪帝孤零零地面对着威严的“亲爸爸”，其他人哪敢亲近这个皇帝啊。这个“亲爸爸”呢，满脑子想的都是权力，怎么可能会给光绪母爱或是父爱呢？再说了，慈禧骄奢淫逸，心思根本不会放在光绪身上。慈禧在光绪心里是一种至高无上的威权，这让年幼的光绪感到十分压抑。

真正给了光绪帝父爱的倒是他的老师翁同龢。翁同龢中过状元，学问精深，为人严谨，是最典型的传统知识分子。

翁同龢对学生要求是非常严格的，但是这对师生关系还是比较好的。慈禧也经常过问光绪的读书情况，翁同龢也不隐瞒，实话告诉她。有时候光绪读书走神，心不专一，慈禧听说后，晚上回去必定责骂光绪，光绪是个心灵比较敏感脆弱的孩子，慈禧一责骂，他往往整个晚上都在伤心哭泣。

到了第二天，翁同龢给他授课时，光绪居然凄然落泪。翁同龢大惊，他没想到光绪心里会有这么多的悲伤，小小年纪居然如此伤感，他从心里十分可怜这个小皇帝。每每这时，翁同龢不会勉强光绪读书，而是抚摸他的脑袋，安抚他，让他不要伤心，不要想太多，说太后也是为你好之类的话。

翁同龢与光绪的交往超过了二十年，其间，如无要紧事，翁同龢一般每天都会见光绪，君臣宛若父子。可以说，光绪帝的人格很大程度上受到了翁同龢的影响，在光绪帝的童年和青少年时期，皇宫中他唯一信任的人也是翁同龢。

翁同龢也知道，光绪虽然是皇帝，但其实是个没人疼的可怜孩子，自己既然当了他的老师，除了教他学问之外，也应该多给他一些关爱。翁同龢自己没有儿子，在心里他也确实是把光绪当成自己的儿子。

光绪是一个胆小的孩子，最怕打雷，读书的时候，如果碰到打雷，都会吓得跳进老师的怀里。翁同龢就抱着他，安抚说：“别怕别怕，很快就过去的。”

翁同龢是个慈眉善目的老人，他给光绪慈爱是好的，但没想到让光绪在心里对他形成了一种依赖，这对于一个平常人来说都是不好的，更何况是一个帝王。一个帝王如果没有形成自己的独立人格，是很难做成大事的。

这说明翁同龢在教育上出了问题，他教给光绪知识和学问，却没有教他如何独立，成为一个刚强的君主。慈爱过多有时候反而不好，一旦翁同龢生病了，不能过来，光绪就思念深切，还派人去问他的病情，说自己特别想念老师。翁同龢看到皇帝如此重感情，抱病前去上课，看到翁老师来了，光绪才感觉心情好转。

从这些事情可以看出，光绪心里极度缺乏关爱和安全感，翁同龢善良可亲，为人正直，让他感觉很安全，值得信赖。师生之情逐渐被一种类似于父子之情的情感替代，这是一个离开父亲的孩子正常的心理诉求。

光绪在童年和少年时，几乎是一天也离不开翁同龢。有一次，翁同龢要回乡扫墓，安慰了好半天才说服光绪，让他不要难过，老师很快就回来。光绪流着眼泪说：“你一定要早点回来啊！”

后来，慈禧任命翁同龢为军机大臣，翁同龢显得更忙了一些，除了要教光绪课程，还得去军机处上班，参与国家大事。翁同龢经常教光绪如何审阅奏折，如何处理政事，日积月累，光绪对政治有了更深的了解，更让他揪心的是，国家正处于内忧外患的时候，需要一个励精图治的君主。光绪的使命感就是在这时建立的。

光绪十年（1884 年），翁同龢将光绪两年来写的四篇政论裱糊起来，作为寿礼献给慈禧。慈禧认真地看了论文，颇为自豪；这些政论虽然文笔幼稚，但其中不乏一股励志图强的精神。

亲政以后，光绪也时时不忘去上书房向翁老师请教。翁同龢虽然是一个传统的知识分子，但是思想并不保守，甲午战争之后，他清楚地看到，如果不学习西方，中国必定会落后。

戊戌变法时，翁同龢在背后力挺光绪，但这场变法最终胎死腹中。光绪的势力还远远不足以和慈禧抗衡，变法流产之后，翁同龢也被罢官。

翁同龢回乡前，光绪为他送行，师生二人热泪盈眶，相拥大哭。翁同龢回乡后，为自己准备了一口棺材，一旦慈禧从京城发出自裁的谕旨，他便立即自杀。幸好慈禧没有除掉他的意思。1904年，翁同龢在老家常熟病逝。

临终前，翁同龢写了一首诗，希望光绪能发愤图强，将来振兴大清：

> 六十年中事，伤心到盖棺。
>
> 不将两行泪，轻向汝曹弹。





## 权术太监李莲英

光绪进宫后，贴身太监是王商。在我们的印象里，太监都是一群心理阴暗的小人。其实不然，太监中也有很多好人，这个王商就是一个不错的太监。王商无微不至地照顾着光绪的饮食起居，甚至比光绪的乳母还要周到。

但是，在这个宫里有一个太监权势熏天，便是总管太监李莲英。安德海死后，李莲英善于揣摩上意，很快就取代安德海成为总管太监。

李莲英这个人阴险狠毒，长相猥琐，但很会做人，他知道在这宫里只有慈禧太后才拥有绝对权威，只要靠紧了这棵大树，自己就可以为非作歹。

光绪刚进宫就跟李莲英不和，那时候光绪还是一个小孩子，他不明白为什么那么多人怕李莲英，光绪很直接地对李莲英说："你这个人怎么长得这么丑？难看死了，你快别出现在我面前，我很怕你这长相。"

李莲英一听，表情凝固了，虽然对方是个小孩子，但毕竟是皇帝啊，皇帝讨厌自己，将来长大了可要修理自己了。像李莲英这样阴险的小人，宫里没人敢得罪他，光绪一个小孩得罪了他，他都要报复，何况是其他人。

李莲英的报复方式也没什么特别的，无非是在慈禧面前说光绪这不好那不好，让慈禧责备光绪。李莲英还经常指责翁同龢和光绪师生，说翁同龢不好好教书，光绪也不好好学，实在有负老佛爷的厚望。

很多时候，光绪受到慈禧的责骂，其实是李莲英挑拨的，当时光绪年幼，怎么知道人心这么险恶。

从此以后，李莲英就是光绪的死对头，光绪真没想到，一个太监居然能让自己这个皇帝不得安宁。后来慈禧发动政变，废掉光绪，也有李莲英的参与。

李莲英是一个权术高手，他就像慈禧的一个影子，他的所作所为事实上反映了慈禧的利益。作为一个奴才，李莲英对慈禧忠心耿耿，慈禧也对他极为放心。随着李莲英权势膨胀，朝野上下开始不安，大臣们担心宦官干政的事情会出现在大清朝，纷纷上书，请求慈禧能够抑制李莲英。

李莲英是慈禧的一把利器，她怎么可能因为大臣们的一番话就舍弃这个利器。事实上，随着光绪的成长，他已经感觉到李莲英就像一个难缠的梦魇，感觉到这个李莲英比“亲爸爸”还难对付。

但李莲英毕竟是一个聪明人，他的第一原则是绝对效忠慈禧太后，在不违背第一原则之下，他还是愿意做一些事情讨好光绪的。毕竟光绪是皇帝，万一哪天慈禧真的放权，自己的生死就取决于光绪，所以自光绪亲政后，李莲英对光绪还是非常巴结讨好的。凭着这些左右逢源的生存技巧，李莲英在宫中稳坐太监第一宝座。

光绪被囚禁瀛台时，李莲英还经常去看他，李莲英相当精明，他知道政治就像潮流，起起落落是很正常的事情。一朝光绪复出，一定会感念自己在他失势时去看他。

光绪最终没有机会复出就死去了。李莲英后来离开了宫里，回到老家北京棉花胡同，终日吃斋念佛，过着与世隔绝的生活。宣统三年（1911 年），李莲英病死在家中。当然也有人说李莲英是被人谋杀的，不过这种说法证据不足。

## 慈安离奇暴毙

光绪六年（1880 年），慈禧生了大病，躺在床上几个月不能起来。

御医对慈禧的病束手无策，后来浙江巡抚谭钟麟推荐了一个民间医生治好了慈禧的病。这个医生名叫薛宝田，是江苏如皋人，医术高超，有妙手回春的本领。

根据这位民间医生的记载，他在为慈禧诊治的时候，也顺便为慈安太后把脉，发现慈安太后脉象正常，身体也还好。

没想到，慈禧的病刚好不久，慈安太后就离奇去世。

光绪七年（1881 年）三月初十晚上七八点，宫里忽然传来慈安太后离世的消息，这个消息来得太突然了，自然引起了种种猜测。

我们先来看看官方发布的文告：初九，慈安太后身体不舒服，请了御医诊治，以为不是大病，很快就可以好，没想到第二天病情就加重，御医前来诊治，束手无策，没想到这一病竟然无药可医，慈安太后就此离世。

这个报告可信吗？说实话，没几个人相信，初九生病，初十就死了，这简直就是暴毙啊，慈安是一个心地比较淡泊的女人，说她暴毙真不可信。

还有一个说法是她是被人毒死的，这个说法主要是记载在野史中。尽管是野史的说法，但可信度还是比较高的，很多人都持这种看法。如果说慈安是被毒死的，凶手就不言自明了。

慈禧有毒死慈安的动机吗？

确实有。在咸丰的遗诏里，咸丰给予了两宫太后不一样的权力，给予慈安的权力更大，他曾经密令慈安，如果慈禧擅权的话，可以采取非常手段。慈禧后来逐渐控制了大权，慈安的权力逐渐变小，但是我们可以想象，她还是有一定权力，对于慈禧的一些行为她多少还是可以提出意见和批评的。慈禧毒死她，等于是除掉一个对手，除掉一个威胁。

我们知道，慈禧是非常重视太监李莲英的，而李莲英呢，也为虎作伥，骄纵不法，弄权乱纲。对于这种行为，慈安是非常看不惯的，禁止宦官干政是清朝的祖制，慈安作为一个正宫太后，并不认为自己是一个可有可无的人。当年，她支持同治除掉安德海就证明了她绝非一个不问世事的太后。李莲英的眼里只有慈禧，对慈安很不尊重，有一次慈安经过时，李莲英居然跟其他太监在玩耍，对慈安视而不见。慈安非常生气，找到慈禧，对慈禧一顿批评。慈禧很不服，心想我现在才是手握实权的太后啊，你凭什么批评我啊！就这样，两人关系日渐冷漠。

还有，光绪六年（1880 年）到东陵祭奠时，慈安自认是正宫太后，要求在典礼中把自己排在慈禧的前面。慈禧哪里肯同意，最后经人调停，两个太后排名不分先后，这才化解了一场风波。不过，慈禧心里已然播下了恨的种子，她觉得慈安不除掉，始终是一个麻烦。

除了野史的记载外，光绪的日讲起居注官恽毓鼎也认为是慈禧毒死了慈安。他说那天慈安在花园里玩金鱼，慈禧让太监给慈安送了一盒糕点，慈安尝了一口，然后就病倒了。

考虑到恽毓鼎是光绪的臣子，而光绪又跟慈禧是对头，所以他的说法也未必可信。

我们没有确凿的证据证明是慈禧毒死了慈安，其实在宫廷里，有很多无头案件，根本不可能查出来。当时有很多人跟我们现在的想法一样，都怀疑慈安的死是慈禧干的，但是又没有什么证据。

左宗棠就是其中之一。左宗棠听说慈安死后，说了这样一句话："昨天还好好的，怎么突然就死了呢？"

说句公道话，以慈安的水平，对慈禧构不成太大的威胁，但终究是一个束手束脚的羁绊。慈安死后，慈禧的日子确实舒坦不少，再也没有人敢对她说三道四了。

不管慈安是不是慈禧杀的，慈禧很清楚自己是逃脱不了嫌疑的。如何洗刷自己的嫌疑呢？最好的办法就是重视慈安的丧事，坦然面对别人的怀疑。慈安的丧事虽然谈不上有多隆重，但也符合清朝的礼制，换句话说，慈禧并没有怠慢慈安的丧事，也没有过分抬高，过分抬高的话反而容易被人认成心虚。

## 军机处大换血

慈安太后去世后，恭亲王奕䜣更加孤掌难鸣。

长期的政治斗争已经挫伤了奕䜣的锐气，这正是慈禧希望看到的。随着光绪一天天地长大，如果奕䜣仍然野心不死，力挺光绪反对自己，那还真是不好招架。幸运的是，奕䜣这头昔日的老虎已经变成了病猫，那么，事态的发展应该可以处于自己的掌控之中。

根据清朝的祖制，小皇帝到了十四岁就应该亲政了，这是自顺治以来便一直沿袭的规矩。慈禧第一个打破这个规矩，延长了同治亲政的时间，当然慈禧有很多借口，说同治这个孩子顽劣不堪、朽木难雕，等等。

光绪马上就到十四岁了，慈禧又会找什么样的借口阻止他亲政呢？

这次，慈禧什么借口也没找，闭口不提皇帝亲政的事。大臣们早已窥破慈禧的心理，也没人敢提此事。曾经犀利的恭亲王这时候也一副与世沉浮的样子，不敢跟慈禧作对。如此，光绪的十四岁就这么平静地过去了。

光绪九年（1883 年），法国入侵越南，同时用武力威胁清政府，要求清廷答应他们的条件。全国上下笼罩在战争的阴云里，朝野上下又开始了主战主和的讨论。李鸿藻、左宗棠等人主张一战较高低，认为法国侵吞越南的真实目的是以越南为跳板，进一步入侵中国。主和派的代表李鸿章则认为法国军事力量远胜清军，如果开战的话，得不偿失，请求奕䜣跟法国和谈。李鸿章还说实在要打的话也只能采取游击战，派遣军队入越南伏击法军，千万不能跟他们正面对碰。

面对这两种态度，慈禧也没有定见，她很清楚自己玩弄权术很高明，但一到军国大事就是外行了。所以，慈禧让李鸿章全权处理此事。慈禧的态度不明朗，奕䜣的态度也很模糊。

奕䜣这种模棱两可的态度让大臣们很不解，危急关头，当断不断最是失策。但我们也不能苛责奕䜣，曾经那个意气风发的恭亲王早已死在慈禧的手中了，现在的恭亲王心如死灰。他知道不管自己怎么做，也不管是做好做坏，最后都不会有好果子吃。

奕䜣很清楚，自己是慈禧的眼中钉，功劳越大，死得越快。眼看光绪亲政的问题一天比一天近，如果光绪真的亲政，肯定重用自己。但慈禧是不允许这样的事情发生的，在光绪完全亲政之前，慈禧一定会在政治上击垮自己。

奕䜣只是不想再做冤大头了。

奕䜣之所以不敢轻易表态是因为他被整怕了，即使要表态他也要先揣摩好慈禧的意思。刚开始的时候，慈禧偏向李鸿章的看法，认为最好是主和。奕䜣就跟着说："最好不要轻启战端。"后来，国内主战的声音越来越高，慈禧受这种热情感染，忽然从鸽派变成了鹰派。奕䜣揣摩到慈禧的意思，也说："可以打。"

奕䜣这种骑墙的态度引起了许多大臣的不满，慈禧似乎也对他很愤怒。奕䜣感觉到了这点，又百般讨好慈禧，在慈禧的大寿上大花心思。

慈禧心想，你以为讨好我就可以逃过这一劫？

1884年，中法战争开打了，清军果真不堪一击，在越南前线节节败退。慈禧立即拿这个当借口，将失败的责任推到奕䜣的头上，并和醇亲王奕譞一起草拟了罢免奕䜣军机大臣等职的上谕。

军机处基本上都是奕䜣的亲信，如果慈禧只罢免奕䜣一个人，还不能说明她手段狠辣，慈禧居然将所有军机大臣都罢免了。新的军机处人员全是慈禧的人马，短短的几天，慈禧就把这个清帝国的中枢机构完全变成自己的后花园。

这次清政府机构大改组又被称为“甲申易枢”，这是非常重要的一次朝变，因为从此以后，大清国就是慈禧一个人说了算。



## 架空光绪

光绪十六岁的时候，亲政问题终于提到了日程表上。光绪是一个非常努力的人，无论是读书做学问还是做人，都非常严谨，慈禧再也不能以顽劣不堪为借口推迟他亲政的时间。

光绪十二年（1886 年）六月初十，慈禧宣布第二年将归政于光绪，慈禧还让钦天监选择吉日，第二年正月举行亲政大典。

光绪的父亲奕譞是一个非常精明的人，他早就窥出慈禧不是真心归政，所以自己一定不能掉以轻心，如果露出志得意满的迹象，搞不好会跟奕䜣一个下场。善于揣摩人意的奕譞给慈禧上了一道奏章，请求太后用“训政”取代归政。奕譞知道，慈禧对自己的亲儿子同治都不肯归政，何况是隔了一层的光绪。

奕譞明白，这时候如果不学聪明一点，将来自己的孩子肯定是要吃苦头的，所以果断地提出让太后训政。那意思很明白啊：太后，你继续掌权吧！

慈禧并没有答应，对，她在等。果然不久后，奕譞带着王公大臣们一起请求太后训政，大臣们说皇帝太年轻了，经验不足，国家大事又不是儿戏，很多事情还要仰赖太后裁决。

慈禧一听说道：“你们说的也不是没有道理，那好吧，准奏。”

几天后，慈禧颁布了一道懿旨：“现在国家问题很多，国事繁重，皇帝刚刚亲政有很多问题还不了解，碰到一些不能决断的大事，哀家不能不在一旁提点。本来哀家不想过问政事，无奈王公大臣一再邀请，让哀家为国再尽一份力，哀家不敢因为死守教条而置国家大局于不顾，勉强答应了，决定在皇上亲政后再训政几年。”

慈禧的措辞是非常得体的，但目的也是非常明显的。这道懿旨一出，世铎等人立即赶制出一道《训政细则》，规定许多礼仪沿袭垂帘听政时的制度。

光绪当然明白，慈禧把权力牢牢地抓在她自己的手中，自己只不过是名义上亲政而已，手中并无可用之兵，也无可用之权，军国大事还是慈禧一人说了算。光绪很不喜欢这种感觉，这种感觉好像被人挟持了一样，自己根本无法展开手脚，他决定搏一搏。

光绪颁布了一道谕旨，说自从咸丰皇帝去世，太后为国家操劳了近三十年，鞠躬尽瘁，宵衣旰食，为了大清呕心沥血，很少休息。他自幼受太后的教诲，不敢有丝毫松懈，作为一个儿子，他理应担起社稷之重任，让太后能够颐养天年，好生享受。

光绪的话当然也说得很漂亮，但是出这么一招是非常不明智的，慈禧是何等精明的女人，她还看不出他真正的用意？光绪的用意一出来，她将会视他为潜在的对手，从此对他倍加防范，让他更难施展拳脚。其实，光绪最好的做法不是跟慈禧斗，因为他还完全没有跟慈禧斗的资本，最好的办法就是顺着慈禧，让慈禧明白，他这个儿皇帝非常听话，你可以对他非常放心。

光绪这道谕旨出来后，立即有大臣上书。礼亲王世铎又增加了一个《归政条目》，以《训政细则》为原本，这是给光绪量身打造的紧箍咒。

御史屠守仁上书请求慈禧仿效高宗乾隆训政之事，凡重要奏折一律先交付皇太后审阅。

慈禧一听，心里非常舒服，但是为了做出自己是真心归政的姿态，她严厉地批评了屠守仁。为了表明自己并不热衷权力，慈禧还移居到颐和园，在那里过着优哉游哉的生活。其实，她的眼睛一刻也没有离开紫禁城，她时刻关注着文武百官的动向。

就像翁同龢所说的，现在跟过去没什么两样，鸡毛蒜皮的事由皇帝裁决，稍微重要一点的事由军机大臣决断，碰到军国要事只有请示太后。

## 修建颐和园

颐和园原名清漪园，最早是乾隆为了庆祝太后钮祜禄氏六十大寿建造的。后来英法联军占领北京，将圆明园和颐和园一并烧毁。

慈禧早就有重修颐和园的意思。同治七年（1868 年），御史德泰揣摩慈禧心意，上奏请求重修颐和园。这个提议遭到了以恭亲王奕䜣为首的大臣们的反对，只好不了了之。

同治结婚后，慈禧又有了修颐和园的打算，这时，李鸿藻又出来谏阻，慈禧只好作罢。同治亲政后，为了让慈禧放权，在她四十大寿时不顾众大臣反对，执意要重修颐和园。慈禧看众怒难犯，出来做和事佬，这么一来，修园之事又搁了下来。

听说光绪要亲政，狡猾的奕𫍽又提出了修园之事。奕𫍽这么做自然是为了讨得慈禧的欢心，让慈禧对自己的儿子好一点，也是希望将来儿子亲政后能够有一番作为。儿子要想有作为，最好是希望慈禧太后能够沉迷享乐。

光绪十一年（1885年），清廷成立了海军衙门，奕𫍽担任总理海军事务大臣，奕劻和李鸿章等人协助他。为什么要提到这个呢？当时清廷的一些有识之士已经认识到建立一支先进的海军非常重要。

慈禧是个非常喜欢享乐的女人，她很早就想修颐和园了，当然那时候还叫清漪园。奕𫍽提出这个建议后，她立即批准，慈禧还把清漪园改名为颐和园，取“颐养冲和”之意。

这次修园没有多少人反对了，因为反对的人基本上都不在朝堂上，在朝堂上的人就算有意见也不敢反对。

决议通过了还有一个问题，修园的钱从哪里来呢？修园是一项浩大的工程，需要大量的资金，国库中的钱应付内外需要还不够，又怎么可能用来修园呢？钱的问题才是最大的问题，老佛爷的需求如果得不到满足的话，奕𫍽知道后果很严重。他最后决定从自己主管的海军衙门中挪用经费，到底挪用了多少经费还是个谜，有的说有两千万两银，有的说有三千万两银，有的甚至说有八千万两银。我们唯一可以肯定的是，数目一定很庞大。

既然数目庞大，那么海军怎么办呢？还需不需要发展呢？不需要了！老佛爷的享乐要比国防重要，所以中日甲午海战，大清惨败一点也不奇怪。

慈禧不光是修建颐和园，还大肆修建西苑三海，所需费用还是从海军军费里抽取。为了供奉慈禧，奕𫍽在掌管海军衙门的九年时间里，居然没有购置一艘新的战舰，甚至连一门火炮都没有更新。

# 第五章　爱一个人好难
# ——光绪与珍妃

光绪对珍妃的宠爱是非常明显的，他很欣赏珍妃那种敢爱敢恨的个性。光绪是一个极不自由的皇帝，但是他在珍妃身上看到了自由的个性。珍妃性格开朗，活泼好动，鬼灵精怪，再加上珍妃对于宫里刻板的生活很厌恶，更讨厌宫里那些尔虞我诈斗来斗去的事情，光绪对这个妃子实在是太喜欢了，因为在珍妃身上，他看到了自己渴望却又缺少的东西，那就是潇洒和自由、率真与浪漫。

## 爱的就是珍妃

光绪在清朝皇帝中算是非常晚结婚的。不是光绪不想结婚，而是慈禧没发话，他不敢结婚。慈禧推迟光绪成婚的一个重要原因是防止他亲政，婚姻向来是成年和独立的标志，慈禧非常担心光绪一旦结婚就会要求自己放权。

光绪皇帝结婚自己做不了主，一切还得靠慈禧。那么，慈禧希望光绪有什么样的婚姻呢？很显然，慈禧不希望出现下一个阿鲁特氏，所以这场婚姻必定是政治婚姻。

慈禧倒是挺大方的，拨出五百万两银子为光绪操办婚事。皇后究竟是谁呢？除了慈禧谁也不知道，光绪心里也没谱。直到光绪十四年（1888 年）十月初五，慈禧才公开谜底，皇后是慈禧的侄女叶赫那拉氏。这个叶赫那拉氏比光绪大，长相也很一般。当时，叶赫那拉氏已经超过了选秀的年龄，慈禧公然违背祖制将她选为皇后，用心十分明显。

她不希望为光绪选一个恩爱佳人，皇后不过是安插在光绪身边的一个耳目。此外，慈禧还为光绪选择了两个后妃——瑾妃和珍妃。光绪后来爱上了珍妃，虽然爱得很辛苦，好歹算是碰上一个自己爱的人。

就在婚礼进行得热热闹闹的时候，一场大火在太和门燃烧起来。皇帝大婚遇大火，这可是很不吉利的征兆。大火很快就蔓延开来，一边在举行婚礼，一边在拼命扑火。翁同龢看到这景象，忍不住感叹："这是天降奇灾啊，惊心动魄，奈何奈何。"

在翁同龢的心里，光绪是个苦命皇帝，这场灾难分明就预示着他将来的苦难。

婚礼虽然办得很豪华，但光绪对慈禧一手包办的政治婚姻很不满，他感觉自己就像一个木偶一样任人耍弄。根据礼制，婚后四天，要在太和殿宴请皇后家族的人。然而，光绪只请了王公大臣，没有请皇后家族的人。光绪这么做让慈禧很没面子，皇后家族也就是慈禧家族啊，这分明就是故意让慈禧难堪。

可以想见，光绪对这个皇后是很不满的。据说光绪小时候就见过隆裕皇后，当时就很不喜欢她，没想到长大以后居然成为夫妻，那自然是更加反感了。

隆裕皇后也是个正常的女人，丈夫不喜欢她，她也感到憋屈。丈夫越冷落她，她就越是紧紧靠着慈禧这棵大树。也只有这样，她皇后的位子才能保得住，至于夫妻的情爱她已经不奢望了。

慈禧的御前女官德龄曾这样描述光绪和隆裕皇后新婚后的情状：

> 我在宫里头听许多人说，自从婚礼举行过后，光绪和静芬（隆裕皇后的小名）从不曾有半点亲热的态度，他们好像是同住在宫里的两个陌生人而已。除非逢到什么令节，或是参加什么典礼，使他们实在不能不开口之外，平时简直绝对没有攀谈过一次。

清宫里有一个“承幸簿”，这个本子相当于皇帝与后宫女人同房的备忘录。只有皇帝和太后能看这个本子，而且新皇帝登基后就必须把上一朝的“承幸簿”烧毁。本子上面极少出现隆裕皇后的名字，所以隆裕的感情生活是非常郁闷的。

光绪也很痛苦，他很清楚隆裕是慈禧安排在自己身边的一个棋子，他对慈禧很厌恶，对隆裕自然也好不到哪里去。光绪是一个非常多愁善感的皇帝，他是很需要感情的，终于，他在珍妃身上找到了这种感情。

珍妃是瑾妃的妹妹，她们都是侍郎长叙的女儿，他他拉氏。珍妃比光绪小，刚入宫时和她姐姐一样都是嫔。珍妃在这三个女人中长得是最漂亮的，加上她天资聪颖，很讨光绪喜欢。据说，刚入宫的时候慈禧也挺喜欢她的。和珍妃相比，她的姐姐瑾妃的气质和相貌就差好远，由于珍妃独享光绪的宠爱，瑾妃因此嫉恨珍妃，坚定地站在隆裕这边，与自己的妹妹为敌。

珍妃是一个比较有自己想法的女生，而且兴趣很广泛，自幼就很喜欢读书，尤其偏爱文史方面。珍妃的字也写得相当不错，据说她能够两只手同时写字。此外，珍妃还喜欢画画。慈禧听说她喜欢画画，让宫廷女画师缪嘉蕙女士教她，由此可见，刚开始的时候慈禧对她还是不错的。

德龄女士这样评价珍妃："珍妃是一个绝顶聪明的人物，玲珑剔透，正和她姐姐的愚蠢固执形成绝对的反比。"

光绪对珍妃的宠爱是非常明显的，他很欣赏珍妃那种敢爱敢恨的个性。光绪是一个极不自由的皇帝，但是他在珍妃身上看到了自由的个性。珍妃性格开朗，活泼好动，鬼灵精怪，再加上珍妃对于宫里刻板的生活很厌恶，更讨厌宫里那些尔虞我诈斗来斗去的事情，光绪对这个妃子实在是太喜欢了，因为在珍妃身上，他看到了自己渴望却又缺少的东西，那就是潇洒和自由、率真与浪漫。

据说清宫里第一个学会照相的就是珍妃，由此可见她对新事物的好奇。珍妃入宫前，照相技术就已传入中国，不过当时一些保守人物说照相这东西是“西洋淫巧之物”，还有人认为照相能够摄去人的魂魄，折损人的阳寿，要求禁止这东西流行开来。珍妃却偏不信这个邪，她让人偷偷买了一架相机，在宫里这儿拍拍、那儿拍拍，逐渐就变成了一个摄影爱好者。

像这种天真烂漫不守礼法的姑娘，光绪没有办法不喜欢。珍妃在服装上非常追求时尚，她不仅乐于尝试新式服装，还喜欢女扮男装，有时她甚至会穿上太监的衣服，在宫里走来走去。珍妃如果生活在现代，可能会是一个很好的娱乐演员吧。

慈禧对珍妃这种性格是很看不惯的，如果有嫔妃不守规矩的话，那后宫岂不要乱？老佛爷可不是个摆设。像这样一个张扬的女孩，自然让隆裕和瑾妃极为嫉恨，她们不停地在慈禧耳边煽风点火。慈禧也动辄教训珍妃，不过珍妃左耳进右耳出。

总的来说，光绪和珍妃度过了一段非常美好的岁月，两人之间恩恩爱爱，就像一对平凡的男女那样恋爱。德龄女士这样描写两人的恋情：

光绪后来完全忘了顾忌，他几乎每隔三四天工夫就要亲自上珍妃宫里去走一次，这和他每夜非召幸珍妃不可的事同样都成了宫中的绝妙谈资。

他为了心爱的女人，是决计不惜领受人家背后的议论的。或者也可以说，在处理朝政和对付其他人的时候，他心上是很清楚的，知道自己是一个万乘之尊的皇帝，可是一想到珍妃的时候，上天所赋予人类的好色的天性，已侵入了他浑身的神经系统，把那些自尊心、虚荣心等全赶走了，他几乎忘记了他所处的地位和四周的环境。



光绪几乎每天和珍妃形影不离，这是慈禧和隆裕非常担心的，长期下去，皇后迟早要被废啊！也就是在这时，慈禧和隆裕有了默契：必须除掉这个不懂事的丫头！

## 棒打鸳鸯

有时候，慈禧在批阅奏章的时候，后宫的一些妃嫔也在一旁。珍妃精通文史，久而久之对朝政产生了兴趣，加上她天资聪颖，很快就学会了很多处理政事的方法。

如此一来，珍妃与光绪的交流也不再局限于琴棋书画或是新潮衣服了，她开始对政事发表自己的意见。珍妃是一个有自己想法的女孩子，她能够对朝政大事提出自己的看法。这些意见又往往与光绪的想法不谋而合，让光绪对珍妃产生了知己的感觉。

光绪曾经对珍妃说过这样的话："这宫里实在太寂寞了，朕每天上朝回来，没有一个懂朕的人陪朕，除了爱妃你。"

光绪在批阅奏章的时候，甚至也把珍妃留在身边，让珍妃充当自己的下手，为自己处理政事。光绪也是个性情中人，他一时一刻都离不开珍妃，就像当年他离不开恩师翁同龢一样。光绪对珍妃的爱并不全是男女之爱，还有精神层面、心理层面的需要。

他真的是一个非常寂寞的皇帝。

正因为心里过于寂寞，所以光绪置宫廷规矩于不顾，本来皇帝想宠幸一个妃子，必须是妃子到皇帝的寝宫来的，皇帝如果自己跑到妃子的寝宫里，那就是不懂礼了。但光绪顾不得这么多，当他想见珍妃时，会连夜跑过去。

但是，珍妃不知道，自己的处境已经很危险了。宫中有很多眼线正在盯着她，以她这种性格又是很容易被人抓住把柄的。

问题出在钱上面。

清朝妃嫔的工资是相当低的，一个妃子每年只有三百两银子的收入，嫔就更少了，只有二百两。珍妃不懂省钱之道，又酷爱新奇的玩意儿，自然每个月都入不敷出。那怎么办呢？找光绪要吗？找光绪要固然简单，但得过慈禧那一关啊，少不了要挨一顿臭骂。

珍妃串通了几个太监，让他们帮着卖几个官职出去，这一下子就有钱了。钱如果来得太容易，很容易让人糊涂的。珍妃万万没有想到这事居然告到慈禧那里去了。慈禧可以挪用海军经费，却不允许珍妃利用权力获取一些零花钱。

慈禧当面审问过珍妃几次，还在其家中搜出一个账本。慈禧让李莲英调查此事，发现了珍妃卖官鬻爵的证据。

光绪二十年（1894 年）十一月，慈禧给珍妃定罪，罪名是“不遵家法，干预朝政”。从罪名中我们可以看出卖官鬻爵不过是一个借口，慈禧真正不满的是光绪宠爱珍妃，并经常与珍妃一起讨论政事。珍妃被当庭杖责，珍妃的贴身太监高万枝被当场处死，珍妃的哥哥志锐被革职，发往乌里雅苏台，珍妃宫里的几十个太监和宫女也被发配充军。瑾妃也受到牵连，在这次事件中，珍妃和瑾妃都被降为贵人，过了一年，慈禧才恢复她们妃的身份。

给予珍妃惩罚后，慈禧还告诉她，要她从今以后谨言慎行，穿着要朴素，不要再痴迷于那些新奇的物件。

这次事件表面上是由珍妃卖官鬻爵引起，其实不过是后宫的一次政治事件。慈禧这么做实际是提防珍妃参政，担心自己的权力受到威胁。在当时，卖官鬻爵早已是大家心知肚明的事情，珍妃心里也很清楚慈禧是借这个事情在整自己。

## 芳魂坠落深井

1894年，中日甲午战争爆发，之后大清战败。战争的惨败促使光绪和一些有识之士积极图谋变法，珍妃力挺光绪，坚决支持光绪变法。

珍妃这么做等于是重蹈干政的覆辙，但作为一个女人她没有其他选择，她爱光绪，愿意为他分担忧愁。当时光绪的势力远远不如慈禧，只有一些维新派支持光绪；在宫里，光绪就更加势单力孤，只有珍妃是可以信任的人。

光绪推行变法除了要富国强民，也是为了跟慈禧争权，珍妃介入此事，让慈禧格外恼怒。

戊戌变法失败后，慈禧大肆搜捕维新派，珍妃也未能幸免。光绪被囚禁在瀛台，珍妃被幽禁在钟翠宫一个偏僻的地方。从此以后，光绪和珍妃再也不能见面。

被囚禁没多久，珍妃就死了。

关于珍妃之死，一直众说纷纭，有人说珍妃是投井而死，有人说是被李莲英杀死的，还有人说珍妃是被崔玉贵推入井中而死。

究竟珍妃是死于何因呢？

据记载，八国联军攻入北京后，慈禧挟持光绪西逃，在出逃前，慈禧忽然想起了珍妃，让人把珍妃从北三所里释放出来，原本想带着她一起出逃，但是珍妃出来后，居然找到慈禧，再一次激怒了她。珍妃请求慈禧让光绪坐镇北京，与八国联军交涉。

听到这话，慈禧当即火冒三丈。珍妃这个提议是合乎情理的，当年咸丰出逃，让恭亲王坐镇北京，为什么慈禧听到珍妃的提议会如此生气呢？

其实，珍妃的意思很明显，她希望光绪借着这个机会将权力控制在自己手中，并在朝中树立起自己的威望。光绪自亲政后，实际上是个傀儡，现在是夺回权力千载难逢的好机会。

盛怒之下，慈禧秘密让亲信太监崔玉贵将珍妃推入贞顺门的井中。

作为一个太监，崔玉贵在宫中的地位仅次于李莲英，他是慈禧弟弟桂祥的干儿子，跟慈禧的关系也非常近。慈禧回到京城后，为了平息谣言，将崔玉贵赶出宫去，还对众人说，自己绝对没有要把珍妃推入井中的意思，当时只不过是在气头上说说而已，崔玉贵为了讨好自己，自作主张把珍妃推入井中。



光绪听说珍妃的死讯后，浑身颤抖。在那一刻，光绪的世界在崩塌，堂堂的大清皇帝，连自己心爱的女人都保护不了，光绪的精神深受打击。从此以后，光绪的内心世界充满了压抑，遭受政治和情感的双重打击，光绪原本脆弱的心灵已经变成碎片。

所以，光绪英年早逝也不是什么奇怪的事情。

据说，直到临终前，光绪身边一直带着一个盒子，盒子里装着珍妃的头发，真是一个痴情天子。光绪经常对着珍妃的头发发呆，恽毓鼎目睹光绪愁怨，写了一首诗歌颂光绪对珍妃的深情：

> 金井一叶坠，凄凉瑶殿旁。
>
> 残枝未零落，映日有辉光。

沟水空流恨，霓裳与断肠。

何如泽畔草，犹得宿鸳鸯。

1902年返京后，慈禧为了洗脱谋杀珍妃的嫌疑，对外宣称珍妃是一个烈妇，她之所以投井是避免被洋人玷污。为此，慈禧恢复珍妃的名誉，还晋封她为皇贵妃。

珍妃的尸体在井里待了一年多，恢复名誉后，她的姐姐瑾妃才敢恳请慈禧将妹妹的尸体打捞起来，慈禧恩准了。珍妃的尸体被打捞上来后，被草草地埋葬。

慈禧死后，直到1913年，瑾妃才将珍妃葬到光绪的崇陵里。

# 第六章　甲午战争
# ——挥之不去的痛

当天，翁同龢带着军机大臣联名上奏，坚决主张对日宣战，在宣言中，翁同龢的签名排在第一，他还为此十分自豪。只有李鸿章一个人心里清楚，中国如果跟日本开战，必败。但是全中国都陷入了主战情绪中，李鸿章根本无力跟潮流抗衡。在光绪的一再催促下，他只好备战。

## 李鸿章很纠结

当时，中国最了解日本的人是李鸿章，因为李鸿章在掌管海军的时候就一直以日本为假想敌。本来清朝也是很有希望建造一支像日本那样的现代化海军的，可惜慈禧几次三番挪用海军经费，海军根本没有任何发展的可能。

当朝野上下一片喊打声时，李鸿章的心里凉飕飕的，他很清楚清朝打不过日本，但是又不能说出原因。袁世凯在日本也待不下去了，赶紧逃回国。

1894年，正是光绪二十年。面对朝鲜混乱的形势，光绪没有掉以轻心，他派遣了近两千五百名士兵赶往朝鲜，这点兵力当然远远比不上日本在朝鲜的兵力。不过，当时光绪并不认为中日的战争会迫在眉睫，他只是要做出一个姿态，希望日本能够知难而退。毕竟天朝上国这么久，瘦死的骆驼比马大，余威还是有的。

日本在朝鲜的行动引起了西方列强的警惕，他们担心日本的扩张政策会影响他们获得的利益，所以西方列强一起对日本施压。这反而引起了李鸿章的错觉，李鸿章觉得只要列强能帮助中国，日本一定会退让的。李鸿章这一疏忽可不是小事，让中国军队疏于备战，真打起来措手不及。

说实话，在这件事情上，光绪比李鸿章的感觉更敏锐，他觉得事态远远比李鸿章所想象的要严重，他给李鸿章下了一道圣谕："现在倭寇的气焰越来越嚣张，朝鲜被他们胁迫，岌岌可危。千万不要指望列强对日本的劝说，那些都是空的，中国和日本的决裂就在眼前。你督练海军这么多年，应该比较了解日本人吧，希望你能审时度势，尽快备战，不要等到战争爆发后匆忙应对……"

李鸿章在心里是比较看不起光绪这个黄口小儿的，他觉得姜还是老的辣，光绪懂什么，日本肯定不敢跟中国开战的。

五月二十八日，光绪召见军机大臣，当着军机大臣的面表示自己站在主战派一边，还说慈禧太后也主张打一场。李鸿章心想，你们这娘俩知道什么，海军的钱都被老佛爷花光了，这仗怎么打都是输。

六月十五日，光绪在上书房召见翁同龢，翁同龢告诉他朝臣的意见是一面增兵一面协商。

光绪沉吟片刻说："如果日本撤兵的话，我们可以跟他们谈判，如果他们不撤兵的话，免谈。这也是皇太后的意思。"

翁同龢："这个老臣知道。"

慈禧确实是主战的，因为在慈禧的眼里，日本不就一个弹丸小岛吗？泱泱大清打败它就像摁死一只虱子。当时，正值慈禧六十大寿，慈禧反倒希望早点开打，把日本打败后，自己再来祝寿，那简直就是双喜临门啊！

当天，翁同龢带着军机大臣联名上奏，坚决主张对日宣战，在宣言中，翁同龢的签名排在第一，他还为此十分自豪。只有李鸿章一个人心里清楚，中国如果跟日本开战，必败。但是全中国都陷入了主战情绪中，李鸿章根本无力跟潮流抗衡。在光绪的一再催促下，他只好备战。

"即使凶多吉少也只能这样了。"



## 激烈的海战

1894年7月23日，日军直接冲进朝鲜皇宫，将国王李熙捉住，然后逼迫他宣布朝鲜脱离清朝，从此是一个独立的国家，中国的军队必须尽数离开朝鲜。

两天后，也就是7月25日，日本海军在牙山口外丰岛海域突然袭击中国的军舰。不宣战就开打，非常符合日本军队的做事习惯。8月1日，中日两国正式向对方宣战，甲午战争正式爆发。

然而，这次战争有一个非常吊诡的地方。本来两国交战是关系民族存亡的大事，理应全国人民都很关心才对。可是真实情况完全相反，慈禧正忙着给自己做寿，朝中大臣的眼光都盯着慈禧的大寿上面。普通民众也不关心战事，打赢了打输了跟自己关系不大，再说了，李中堂那么大本事，难道还打不过小日本？

李鸿章太悲剧了，他很早就料到会是这个结果，这场仗一定打不赢。

甲午战争最激烈的一场海战就是威海卫保卫战，这也是最后一场海战，指挥这场战役的是丁汝昌。北洋海军在威海卫港口内有二十六艘战舰。1895 年 1 月 20 日，日军大将大山岩率领两万五千名日军在荣成的龙须岛登陆。30 日，日军进攻威海卫的南帮炮台，当时驻扎在南帮炮台的清军只有三千人。日军在付出重大伤亡代价下，终于拿下南帮炮台。2 月 3 日，日军占领威海卫城，等于是先夺取了威海卫海军的后方基地，丁汝昌坐镇的刘公岛顿时成为孤岛。

日军对刘公岛发起了猛烈的进攻，水陆两路的日军先后对丁汝昌发起了八次强攻。其间，日军联合舰队司令多次用高官厚禄诱劝丁汝昌投降，丁汝昌都毫不犹豫地拒绝了。2 月 10 日，“定远号”弹药用完了，舰长刘步蟾下令部下将舰船炸沉，以免被日军缴获，全舰官兵以身殉国。第二天，一些将领产生了投降的意思，要求丁汝昌带着大家投降，丁汝昌非常生气，走投无路之下愤然自杀。12日，船上的美籍洋人浩威伪托丁汝昌的名义写了一份投降书，送到日军军舰处。

2月17日，日军占领刘公岛，威海卫海军基地全部沦陷，清朝好不容易建立起来的北洋舰队全军覆没。

辽东之战持续的时间更长一些。日军突破鸭绿江防线后，接连占领了凤凰城、海城等地。清廷紧急调派两江总督刘坤一前去抵御日军，还让湖南巡抚吴大澂去协助刘坤一。可惜，清军远远不是日军的对手，真正一交手，清军节节败退。2月28日，日军从海城出发，一路东进，先后攻占牛庄、营口、田庄台。才十天的时间，六万名清军居然全线溃退。

听闻水陆两军全线溃败的消息，光绪极为震怒，愤怒之下，难免要找一个发泄的对象，最好的发泄对象就是李鸿章了。只可惜，李鸿章是慈禧的人，如果自己严惩李鸿章，慈禧必不答应。无奈之下，光绪只好对李鸿章略施薄惩，拔去他三眼花翎和褫夺黄马褂。

许多支持光绪的大臣们希望借着这个机会解除李鸿章的权力，换上一个帝党大臣。只可惜，慈禧坐在那儿，谁也动不了李鸿章。

慈禧听说北洋舰队全军覆没后，也非常震惊，她万万没有想到日本人会这么厉害，惊吓之下，她让李鸿章赶快跟日本人求和。为了防止光绪借着这个机会收权，慈禧决定重新起用恭亲王奕䜣，任命其为总理衙门大臣兼总理海军、会办军务、内廷行走。没多久，慈禧又恢复了奕䜣军机大臣的职务。



## 一人欢喜全国愁

奕䜣很明白，慈禧完完全全是在利用自己，利用完之后肯定还会甩掉自己。但没办法，国难当头，就算不为慈禧，也要为国家。

十月初六，奕䜣召见英国、德国、俄国、法国和美国等五国公使，请他们进行战争调解。奕䜣跟各国的关系比较好，在列强眼里，他是一个开明的清廷领导人，所以对于他的要求列强还是会尽量满足的。

十月初十就是慈禧的六十大寿，在中国六十年是一个甲子年，中国人一般都相当重视六十大寿，慈禧就更不例外了。

早在万寿之前，慈禧就让人了解乾隆年间的庆典规模等，决定仿照乾隆办一个豪华挥霍的万寿大典，选定的地点是颐和园。

庆典之前，慈禧让人把颐和园里的道路修葺一新。慈禧还明确宣布自己的六旬寿典是今年的头等大事，任何事情都不能比这事更重要。在战争浓云密布的时候，把自己的寿典当成头等大事，可见这个清廷政权已经腐朽到无可救药的地步。

日本方面很注重情报的收集，他们得知清廷高层竟把寿典当成头等大事，心里那个高兴是不言而喻的。日本高层立即做出一个决断：现在是发动侵华战争的最好时机。

随着战争的进行，清军一败再败。光绪犹豫了，国难当头，庆典还应该办得这么豪华吗？光绪想给慈禧一点建议，但是又不敢开口。光绪于是让一些大臣给慈禧建议，让她降低庆典规模，慈禧听后，气得咬牙切齿："今天谁要是让我不爽，明天我要让你们不爽。"

战败之后，慈禧从天朝上国的美梦中惊醒，此时她变成了一个女人，一个平凡的女人，她忽然之间感觉到恐惧。虽然她是这个腐朽的清帝国里最高统治者，但是外面已经来了强悍的敌人，如果自己再胡作非为的话，搞不好会亡国。大臣们集体上书，请求慈禧停办庆典。无奈之下，慈禧放弃在颐和园举行庆典。

日军准备强渡鸭绿江，侵略中国本土，整个清廷却沉浸在慈禧的庆典中，大臣们不是操心国事，而是忙着给慈禧送礼。像翁同龢和李鸿藻这样的人，对慈禧不顾国难的行为非常不满，本来是不想送礼的，但看到所有人都送礼，他们最后也不得不从俗。

清廷高层这种不顾死活的行为激起了许多有识之士的反感，学者章太炎愤怒地写下这样的对联：

今日到南苑，明日到北海，何时再到古长安？叹黎民膏血全枯，只顾一人歌庆有。

五旬割琉球，六旬割台湾，而今又割东三省！痛赤县邦圻益蹙，每逢万寿祝疆无。

战败之后，慈禧让李鸿章去善后，让李鸿章全权代理与日本议和之事。一个战败国在议和中是没有什么筹码的，日本明确要求将中国台湾据为己有。谈判结束后，李鸿章回到住处，遭到一个人枪击，受了枪伤，但伤得不重。

在伊藤博文的威逼之下，李鸿章无奈签下《马关条约》，主要内容如下：

一、朝鲜是一个完全独立的国家，清朝失去在朝鲜的一切特权，这些特权全部转让给日本。

二、割让辽东半岛、台湾岛以及台湾所有的附属岛屿和澎湖列岛给日本。

三、赔偿日本两亿两白银。

四、增加开放沙市、重庆、苏州、杭州为通商口岸，日本商船可以自由出入上述港口。

五、日本人可以在通商口岸设立工厂，产品可以自由销往中国内地，只按进口货纳税。

六、为确保上述条款妥善执行，日军暂驻威海卫。

当《马关条约》的文件送到光绪案头时，军机大臣们默然而立；光绪在屋里踱步，发出几声长叹，接着眼泪流出，痛苦地在上面签了字。

签订《马关条约》后，光绪下了一道《罪己诏》，告诉全国人民："朕实在是万不得已才求和，希望天下臣民能原谅朕。"

中日甲午战争是一个危险的警示，它是世界向中国发出的讯号："如果再不自强改革，就有亡国的危险。"

# 第七章　昙花一现的变法

如果说，甲午战争前，光绪还能容忍慈禧把持权力不放的话，现在他完全不能再忍受了。慈禧如果能把国家治理好，恋权就恋权吧，可如果她把持朝政把国家带向不归路，那是万万不行的。

## 变法这根救命稻草

甲午战争就像一场噩梦，噩梦虽然过去，阴影却持续笼罩在大清国的上空。

在这场噩梦中，受伤的是全国人民，受伤最深的还是光绪和李鸿章这些有时代责任感的人。尤其是光绪，自中国战败后，日夜忧愤，既恨日本的强横野蛮，又恨自己不能控制朝政大权。

如果清朝是败在西方列强的手下，光绪或许还能理解，但这次击败大清的是弹丸小国日本，在光绪的印象里，日本从来就不比中国强，怎么突然间就这么强大了？

光绪开始反省，他不能允许自己做亡国之君，所以必须自强。光绪虽然天性有仁弱的一面，但骨子里是非常要强的。

甲午战争后，清朝变成了一个任人宰割的羔羊，西方列强纷纷把魔爪伸向中国，不断在中国发展势力范围。面对这个局面，光绪陷入深深的危机感中。为慈禧太后画像的美国女性卡尔这样描述当时的光绪："之前光绪皇帝对国事没有太多的主张，而对于中国将来之进步，亦漠不关心……中日一战而后，中国割地赔款，莫大之耻辱，光绪皇帝如梦初觉，慨然以发愤自强为己任。故中日战前与战后的光绪皇帝，不啻判若两人。"

如果说，甲午战争前，光绪还能容忍慈禧把持权力不放的话，现在他完全不能再忍受了。慈禧如果能把国家治理好，恋权就恋权吧，可如果她把持朝政把国家带向不归路，那是万万不行的。

要救国图存必须变法。光绪一向怕慈禧，可这时一股强烈的责任感赐予了他莫大的勇气，但他还不敢直接向慈禧表达自己的心意，而是找到了慈禧的心腹奕劻，让他转告慈禧："我不能做亡国之君，如果不能把权力交给我，我宁愿退位。"

光绪等于是向慈禧摊牌：如果不给我权力变法，这个皇帝我不做了。

慈禧虽然不愿意放权，可事到如今，自己搞得一团糟，再不放权就说不过去了。

无奈之下，慈禧只好点头，但她告诫光绪："施行新政不是不可以，但不能违背祖宗的大法，再怎么改革，也要保证江山姓爱新觉罗。"

慈禧的真实意思是："我可以让你搞新政，但你的所作所为必须在我的控制范围内。"

光绪的维新思想深受康有为、梁启超等人的影响。这里还得说说恭亲王奕䜣，变法还没有开始，这个昔日主持洋务运动的领袖就去世了。晚年的奕䜣变得较为保守，他对变法持相当慎重的态度，他知道光绪的变法太过激进，将来刹车可能有点困难，他担心变法变到最后，清朝不再是爱新觉罗的江山。

就在这一年，奕䜣去世了。这对维新派是个好事，但也是个重大损失，如果有奕䜣在，或许变法不会那么快收场。

1895 年，康有为发动一千多个举人联名上书光绪帝变法图强，这就是有名的“公车上书”。当时保守派扣留了这份上书，康有为锲而不舍，又给光绪上了一道奏折。经过重重阻力，这封信终于递到光绪的案头。光绪看到康有为的奏折，如受电击。

康有为是一个怀才不遇的举人，自幼被视为神童，没想到后来发展却很不顺利。没能步入仕途，康有为选择了教书，慢慢地名气越来越大，其中包括一个叫梁启超的年轻人。

梁启超是康有为的得意门生，师徒二人都是一流宣传家。甲午战争后，在光绪的支持下，他们办了一份《万国公报》，这个报纸旨在宣传新思想。当时，袁世凯也是一个对新思想感兴趣的人，他受清廷委托，正在主持练兵事宜，一步步掌握实权。

1897 年，德国占领了胶州湾，康有为借着这个机会，再次上书请求变法，主张效法明治天皇和彼得大帝，进行军政改革。康有为还强调，变法国家才能保全，不变法就会亡国，变得越彻底国家就越强，只变一点点仍然会亡国。

康有为还建议为了保证变法妥善执行，应该设立一个“制度局”，在制度局下面设立十二个分局：法律局、税计局、学校局、农商局、工务局、矿政局、铁路局、邮政局、造币局、游历局、社会局、武备局。

光绪想召见康有为，却被朝中守旧派大臣阻挠，根据清朝规矩，受皇帝召见的大臣必须四品以上。光绪无法，只好让总理衙门先接见康有为。接见康有为的是翁同龢、李鸿章等人。翁同龢是非常欣赏康有为的，他曾多次在光绪面前推荐康有为，说这个人的才能是自己的十倍。

康有为到了总理衙门后，一点也不慌忙，侃侃而谈，好像自己上知天文下知地理。李鸿章冷冷地听着，翁同龢却不时微笑地点头。

谈完之后，康有为递给李鸿章一封文书，说是呈给皇帝的。光绪拿到康有为的文书，激动得热泪盈眶。康有为提出了一揽子的计划，最后还说自己实在不忍心看到崇祯吊死煤山的事情发生在今天，所以斗胆写下这些激烈的言辞。康有为这话如果是对朱元璋说的，搞不好要被满门抄斩。

然而，光绪看到这样的话不但不觉得被冒犯，反而认为康有为这个人赤胆忠心，不顾个人生死。“这样的人正是朕需要的人才啊！”光绪在心里感慨。

光绪决定，无论如何都应该召见这个人。

1897 年 6 月 15 日，康有为赶往颐和园。第二天，光绪在仁寿殿召见康有为。康有为在前去觐见光绪的路上，碰上了当时掌握军权的荣禄。荣禄一向看不起康有为夸夸其谈的姿态，含讥带刺地说："先生一肚子墨水，请问有何救国的良策？"

康有为不卑不亢地说："只有变法。"

荣禄冷笑一声："变法说得好听，但一两百年流传下来的祖制，能够说变就变吗？"

康有为终于愤怒了："杀几个一品大员，就可以变了。"

荣禄一听，心里大惊：你这人要是得势，只怕我们这些元老们都要遭殃了。

光绪接见康有为后，君臣二人立即产生了共鸣，都有相见恨晚的感觉。事后，光绪任命康有为为总理衙门章京上行走，并授予他专折直奏的特权。光绪就召见康有为这么一次，以后也没有机会召见，他们一直是通过奏折联系。

1898 年 6 月 11 日，光绪帝颁布《定国是诏》，正式宣布变法。这份诏书是维新派和慈禧太后妥协的产物，但无论如何是一个进步的兆头。

## 维新难以推行

百日维新就这样开始了，发布了维新诏书，光绪就跑到颐和园里向慈禧报喜。

慈禧似乎没有太多的喜悦，只是面带微笑地点头，悠悠地说："变法固然是好事，但是有三件事千万不能忘了。一、变法不能操之过急，任何事任何决策要深思熟虑之后才能行动；二、万变不能离其宗，再变也不能变天，不能变了江山；三、要多用那些老成持重的老臣，不要轻信那些哗众取宠的小臣。"

光绪唯唯诺诺地点头，心里却很反感那些守旧的老臣，特别是像李鸿章这种。光绪很明白，自己要站稳脚跟，必须提拔一批自己的人，除了康有为之外，还有后来的戊戌六君子。

光绪得到慈禧的允准，将康有为的册子复印多份，每个大臣发一份。这次改革可以说是非常激进的，几乎涉及国家的方方面面。经济改革有七十多项，政治改革有九十多项。

说实话，这么多新政接二连三地出台，就是连光绪自己都觉得眼花缭乱。看到这么多新政同时出台，慈禧感觉越来越悬，她担心的就是光绪的莽劲。

变法四天后，光绪罢免了对新政说三道四的礼部官员。要知道，慈禧在此之前叮嘱过光绪，二品以上官员的任免权必须由自己裁决。听说光绪敢私自罢免二品以上官员，慈禧很愤怒。光绪心里开始感到害怕。

慈禧决定给光绪一点颜色看看，慈禧首先免去帝师翁同龢军机大臣和内阁大臣的职务，让荣禄取代翁同龢。这一招非常阴狠，翁同龢是帝党的核心人物，罢免翁同龢等于是给光绪来个釜底抽薪。

慈禧此举给光绪心理造成了极大的震慑，他很担心慈禧接下来会搞掉自己。光绪紧急召见谭嗣同，让他将自己的困境转告康有为，让康有为出谋划策。康有为对光绪很是忠心，听说皇帝的困境，立即想办法，最后想出了四个主意：一、学习日本的明治天皇，光绪皇帝应该在全国选一些忠心耿耿的勇士，由皇帝亲自统领，这些勇士既可以保护皇帝，在非常时期又能成为先发制人的武器；二、改戊戌年为维新元年，以此彰显朝廷变法之决心；三、剪掉头发，更改服饰，以此动摇守旧派的心志；四、以巡幸的名义先到上海避避风头，防止慈禧出手。

这四条主意完全是一个书生的主意，根本是纸上谈兵，没有可行性。

眼看康有为也不能想出什么良策，光绪心情一天比一天焦躁，他仿佛预感到变法会“流产”，而自己也将失败。这段时间，光绪经常无缘无故地发脾气。

当时一个外国人这样描述光绪：“大清国皇帝陛下的容貌看上去要比他的实际年龄衰老许多，额部凹陷，脸色发黄。他的嘴角流露出的是悲伤的、疲惫的和带有孩子气的笑容。当他咧开双唇时，嘴里露出的是参差不齐的长长的黄牙齿，两侧脸颊上都出现了深深的凹坑。他的表情并非缺乏同情心，不过更多表现出的是麻木不仁。从他的容貌上看，我们看不到一点生趣。事实上，光绪皇帝给我的印象是：克制、冷漠、无趣、缺乏精力、疲惫不堪，整个人就像是半死不活的样子……好像生活对他来说已成为一种负担，这样的人必定在走下坡路。”

其实，在当时这种激进的变法确实让许多人感到困惑，连一向支持维新的袁世凯也觉得不妥。新政像雪花一样分发到各地，执行起来非常困难，而且各地官员基本都是传统的守旧派，对西方那一套根本一窍不通。官员们不懂新法，要让他们执行可以想象有多困难。

两江总督刘坤一的想法代表了大多数官员的思想。他说："现在时事变幻莫测，一些思想离奇古怪，给人感觉像做梦一样，到底是怎么回事？可能是我年老昏聩吧，不懂其中的奥秘……"

百日维新这短短三个多月的时间里，光绪先后发布了一百八十多条新令，可见他心情之急迫。但欲速则不达，越着急越办不好事情。

八月，京城里到处流传着谣言，说慈禧准备十月份带着光绪去天津阅兵，并在阅兵的途中趁机发动政变，废掉光绪。光绪听到这个谣言，更加恐惧。

此时的光绪彻底乱了方寸，连他的心腹大臣都不知道他想干吗，他们经常看到光绪莫名发火，有时又一个人偷偷地哭泣。在变法最紧要的关头，光绪急命康有为离开北京。光绪知道现在非常危险，在他心里，康有为是一个非常重要的人，变法很有可能流产，但只要康有为活着，将来或许还有东山再起的可能。

接着，光绪又紧急召见袁世凯。说实话，在心理上，袁世凯是同情和支持光绪的。但光绪在这个敏感时期召见自己，他已料到事情非同小可，如果被慈禧知道了，可是大事。

光绪见了袁世凯后，也没有说套话，问他："你的兵练得怎么样？”

袁世凯毕恭毕敬地回答：“士兵们已操练很久了，如果有战事，他们一定可以为皇上效力。”

光绪一听，面色稍有舒展，便问袁世凯平时是如何练兵的，袁世凯一一作答。光绪接着又说到变法的事，问袁世凯是怎么看的。袁世凯激动地说，皇上做的是利国利民的大好事！

看到袁世凯站在自己这边，光绪放心了。

接着，光绪忽然提到一个让袁世凯害怕的问题：“如果我把统领军队的重任托付给你，你能保证绝对效忠于我吗？”

袁世凯一听，知道光绪话里有话，连忙跪地：“微臣只要一息尚存，一定誓死为皇上效力。”

光绪没有多说，只是用一种奇怪的眼神看着袁世凯：“你明白我的良苦用心吗？我的处境你也是理解的。”

袁世凯抹着头上的汗水：“微臣一定见机行事，皇上的意思微臣完全明白。”

康有为听说袁世凯支持光绪，又给光绪上了一道奏折，请求光绪杀伐决断，干脆来个宫廷政变，包围颐和园，将慈禧轰下台。

没过多久，朝中就有人弹劾康有为等人。光绪一听知道大祸临头了，他知道自己暂且不会有事，康有为只怕难逃一劫。光绪让人密告康有为，让他先逃到上海。康有为得到光绪的密谕，顿时眼泪流了出来，和爱国青年们抱头痛哭。

康有为说："皇上处境这么艰难，还不忘关心微臣的安危，像这样的旷古明君世间少有，如果我这时候逃走了，我还算什么维新导师。大家一起来商量商量，看看怎么营救皇上。"

在这些青年中，有一个实力派人物，就是徐世昌，他是袁世凯的心腹好友。

几个热血青年说道："我们也很想出力，可惜我们手中没兵啊！"

康有为得意地拿出一封信，说道："这是袁世凯给我的信，上面写着赴汤蹈火在所不辞，这不就有兵了吗？现在最关键的是找一个可靠的人去联络袁世凯。"

谭嗣同一听，立即站出来："这个任务就交给我了。"

谭嗣同虽然是官僚家庭出身，但浑身上下有一股任侠豪迈之气。他找到袁世凯后，直接开门见山："现在皇上处境危险，只有阁下手中有兵，你干还是不干？"

袁世凯虽然很吃惊，但心里是支持光绪的，他表示这个计划过于冒险，不如选择一个更稳妥的政变计划。根据袁世凯的意思，最好是等到慈禧和光绪到天津阅兵的时候再动手，自己到时以保护皇帝为名，当场诛杀荣禄，然后再囚禁慈禧，到时朝政就由光绪一人说了算。

谭嗣同一听，觉得袁世凯的话确实有道理，便将他的意思转告给康有为，康有为也同意了。

袁世凯回到天津后立即准备弹药和武器，准备大干一场。但袁世凯低估了对手的实力，光绪秘密召见他的事早已传入慈禧的耳中。

袁世凯在天津的所作所为似乎也为慈禧所知，慈禧给荣禄下了四道命令，让直隶提督聂士成带领一万七千人驻扎在陈家沟，如果袁世凯有异动，这支军队将第一时间进行阻挠袁世凯的行动。前后，慈禧调集了四万八千人拱卫京城，加上从山海关到北京的驻军，共计有十三万人。而袁世凯的新军不过七八千人，袁世凯看到慈禧的举动，明白了这个女人的心计和狠辣。

光绪虽然授予了袁世凯直接杀荣禄的权力，还容许袁世凯杀完荣禄后直接取代荣禄为直隶总督兼北洋大臣。但袁世凯已经没有击败慈禧和荣禄的希望了。

## 没有悬念的悲剧

9月21日，慈禧正式对光绪下手了。慈禧以光绪的名义发布了一道谕旨，称皇帝生病不能理政，自己将再度临朝训政。

接着，宫里传来消息，光绪被囚禁在中南海瀛台。慈禧当着文武大臣的面说道："工部候补主事康有为结党营私，胡言乱政，立即革职。即刻派人缉拿康有为和他弟弟康广仁，交由刑部治罪。"

听到光绪被囚禁，康有为和梁启超在第一时间逃到海外。

9月23日，光绪带着文武大臣在勤政殿贺喜慈禧训政，慈禧在大殿上反复质问光绪，康有为所说的"围园捕后"究竟是怎么回事。光绪不敢如实回答，只好说是维新派不懂事，胡乱说的。慈禧很愤怒，下令将张荫桓、徐致靖、杨锐、杨深秀、林旭、谭嗣同、刘光第等人革职，交由刑部审讯。

谭嗣同听说要缉拿自己，非常淡定，当时很多人让他赶快出逃，他却镇定地说："每个国家变法都会流血，不流血怎么可能变法成功呢？现在要变法，又没人愿意流血，这就是为什么我们变法失败的原因。这第一滴血就从我谭嗣同身上开始吧！”

9 月 28 日，慈禧下令将谭嗣同、杨锐、刘光第、林旭、杨深秀、康广仁六人斩首示众。

在狱中，谭嗣同写下了一首流芳百世的绝命诗：

望门投止思张俭，忍死须臾待杜根。
我自横刀向天笑，去留肝胆两昆仑。

戊戌六君子都是爱国志士，就义时神色坦然，面无惧色。围观的人为他们洒泪，他们却意气高昂，深信自己的鲜血会唤起沉睡的国人。

此后，清政权完全掌握在慈禧的手中，光绪的前途完全毁掉。慈禧撤去那道帘子，跟光绪一并坐在大殿上临朝。大臣上奏时，光绪不准说话，除非慈禧示意他说话。退朝之后，自有人送光绪到瀛台，这个可怜的皇帝一天二十四小时都处在严密的监视中。

至此，光绪已经完全变成了一个木偶，有事的时候慈禧会让他出来撑个台面，以示皇帝一切都好，无事的时候就回到瀛台。

慈禧本来也准备收拾袁世凯的，后来袁世凯的顶头上司荣禄为他求情，说现在清朝正是用人之际，袁世凯是个不可多得的人才，还是让他戴罪立功吧！

慈禧一听，也好，反正现在没有人可以动摇自己的权威了。

# 第八章　慈禧带着大家去西安打猎

慈禧出逃的时候，虽有马玉昆带领的一千名官兵护驾，但一路上还是非常艰难的。由于出逃仓皇，食物和衣服都很缺乏，一路上，慈禧和光绪只能睡在土炕上，连个被褥都没有。

## “亲爸爸”准备对干儿子下手

戊戌变法对慈禧的冲击太大了，差一点她就变成了囚禁在瀛台的那个人。虽然她在这场权力争夺战中取得了胜利，而且已经把政敌软禁起来，但慈禧仍然感到不安，光绪就像一个影子一样缠着她，她觉得万一将来国家出了什么乱子，肯定会有人打着光绪的旗号造反。

慈禧决定主动出手，先为废掉光绪做好舆论准备。要废掉光绪的话，最好的理由莫过于皇帝身染大病。

光绪二十四年（1898 年）四月以后，京城里到处流传皇帝身染重病的小道消息，有人说他患了淋症，有人说他患了腹泻症，还有人说他患了咳嗽症，总之，五花八门，光绪成了各种病症之集大成者。其实，光绪最大的病恐怕还是抑郁症吧！

这些谣言都是从内务府的太医院里传出来的，有鼻子有眼，有人还说光绪之所以患重病是因为吃了张荫桓和康有为送来的药丸。

看到谣言满京城后，慈禧接下来又以光绪的名义发布了一道诏书："朕最近身体很不适，经过多日诊治还是不见效果，民间如果有通晓医术的神医，各位大臣一定要举荐给朕，越快越好。"

这道诏书的语气非常逼真，很像是光绪亲自下发的。诏书下发之后，慈禧下令全国通缉康有为。康有为已经逃走了，慈禧不是不知道，她此举的目的是将康有为定为叛国罪，同时也给任何有维新思想的人敲警钟，千万不要还有改革的念头，否则严惩不贷。

康有为也听说了国内的形势，他也是个聪明人，知道光绪的处境非常危险，很有可能被慈禧废掉或是杀掉。想到这一层，他也是很心疼的，康有为一度想不开，要跳海自杀，被朋友给拉住了。

普通人可能看不出来，官场上的人一眼就看出，慈禧正在紧锣密鼓地废掉光绪。

慈禧这种做法不仅在国内引起了不满，也让西方列强很愤怒。两江总督刘坤一对此表示反对，认为一旦废掉光绪，必然引起轩然大波，而且光绪皇帝并无大错。湖广总督张之洞的态度也差不多，不过他更老成一点，没有明确表示反对，而是采取了观望态度。上海的一些商人甚至联系海外侨胞，公开致电慈禧，请求慈禧“保护圣躬”。

看到国内的反对声浪很高，慈禧没有贸然采取行动。

更让慈禧没有想到的是，西方列强的反应居然更为强烈。变法失败后，保守派控制了朝政，列强对此是非常担心的，毕竟以光绪为首的维新派是主张向西方学习的，维新派掌权的话他们的利益才能得到充分的保证。所以，他们很担心慈禧的掌权会威胁到他们的利益，更担心清朝会重新掀起排外的潮流。

当各国驻京公使听说光绪病重时，第一反应就是不相信，他们强烈要求觐见光绪皇帝。一些外国人甚至担心光绪已经被慈禧秘密处死了。在列强的一再盘问下，慈禧的代言人奕劻只好对各国公使表示：“皇帝依然健在。”

各国公使说：“让我们见见皇帝，我们才相信。我们想请一名洋医生为皇帝看病，如果确实如你们所说，我们就信了。”

慈禧明确表示拒绝，心想这是我爱新觉罗的家事，轮不到你们这些洋人来插手。

列强也不肯罢手，他们首先在报纸上发表文章，攻击慈禧、赞扬光绪，还把军舰开进中国海域举行示威巡游。

慈禧看到群情沸腾，终于做出了让步，允许洋医生进宫为光绪诊治。

为光绪诊治的是一个叫多德福的法国医生。多德福诊治的结果是光绪虽然身体不太好，肾脏有病，但总的来说没有大碍。多德福还为光绪提出了治疗方案，多德福自信地说，按照我的方子去调养，光绪皇帝很快就会痊愈。

多德福的诊治戳穿了慈禧的谎言，在国内外的压力之下，慈禧只好放弃废掉光绪的阴谋。不过她并不死心，一计不成又生一计。

荣禄跟慈禧走得近，深知慈禧的心思，但荣禄并不赞同慈禧，他也不希望废掉光绪。袁世凯曾经恳请荣禄一定要保全光绪。就荣禄的本心来说，他也不希望光绪受伤，这个皇帝已经非常可怜了，而且确实是一心为国，这样一个皇帝如果还要废掉或是处死，荣禄觉得天理难容。



荣禄不知道该如何劝说慈禧，便请教李鸿章。李鸿章的看法跟他也是一样的，李鸿章说："太后有这个意思我也知道，但此事万万不可。如果阁下配合太后做出这样的事情，就是大逆不道，你想想看，此事一旦发生，各国公使首先抗议，各省的封疆大臣也会集体不满。一个不小心，就可能激起兵祸啊！再说了，太后跟皇上是母子的关系，这天伦之情在这儿，有什么过不去的坎儿，你一定要好好劝说太后。"

荣禄说道："我会尽力的。"

随后，荣禄见慈禧："听说太后想废掉皇上，有这事吗？"

慈禧冷漠地说："无中生有，从来就没有这事。"

荣禄："没有就最好了，太后应该知道兹事体大，牵一发而动全身。"

慈禧："但是皇上越来越不听话了，这个你也看到了。"

荣禄："皇上不可以废，但如果太后想安心一点的话，不妨为皇上选立一个太子，皇上无子，可以在宗族中挑选一个。"

慈禧沉默良久，说道："你说的未尝没有道理。"

慈禧经过反复考量，最后选定端郡王载漪的儿子溥儁为大阿哥。慈禧本来是很讨厌端郡王的，在宗室中，让慈禧喜欢的就没几个。但是载漪对慈禧是有“隐功”的，在辛酉政变中他出力不少，戊戌变法中他又主动向太后告密，慈禧立他的儿子也算是一种回报吧！慈禧虽然是个权谋女人，但基本上还是有恩报恩有仇报仇的。她善于记仇也善于记恩。

当时溥儁还没有成年，立他的话肯定好控制。慈禧带着军机大臣，把自己的想法告诉光绪：“你觉得怎么样呢？”

光绪胆战心惊地回答：“我没有任何意见。”

慈禧：“那这事就这么定了。”

立太子在历朝历代都是非常正常的事情，但是到了清朝就不太正常了，自从雍正设立了秘密建储的制度，其后再也没有皇帝公开立储。慈禧公然违反祖制，其用意非常明显，就是要限制光绪，一步步解除光绪对自己的威胁。

此时，光绪表面上还是清帝国的首脑，却没有实际权力了，但影响力还是有的，在许多朝中重臣的眼中，光绪是一个比较贤明的皇帝。就连倾向于支持慈禧的李鸿章、张之洞、刘坤一等人都认为光绪是个不错的皇帝，缺点就是性格懦弱了一点。翁同龢是光绪的老师，在他心目中，光绪的仁义在皇帝中是比较少有的。

慈禧册立大阿哥的消息在国内传开后，还是引起了轩然大波，上海这个地方反响是最为剧烈的。因为上海当时工商业比较繁荣，在光绪的维新理念中，有很大程度反映的是资产阶级的利益诉求。

上海商会一千多人联名反对慈禧册立大阿哥，紧接着全国各地的商人纷纷反对，就连国外的华侨也没有置身事外。

工商业人士的反对是软弱无力的，慈禧拿出了统治者基本的手段——镇压，逮捕几十个人自然能压下反对声浪。为了取得各国对自己的支持，慈禧也做出了一些改变，一改往日不接见外国人的姿态，在宫里大肆宴请各国公使，还送给他们许多贵重的礼物。

各国公使虽然接受了她的礼物，但是对她的做法仍然多有微词。慈禧由此而生恨，心想这些外国人全是一群不识好歹的东西，从此，她对洋人就再也没有过好感。

大阿哥溥儁不喜欢读书，对治国更是毫无兴趣，最喜欢的事情是跟太监们打水漂。溥儁有时还羞辱光绪，光绪会一些英文，他骂光绪是鬼子徒弟。慈禧虽然囚禁了光绪，但是也绝不允许这种无法无天的事情发生，当她知道后，让人抽了溥儁二十鞭子。

由于溥儁太胡闹，再加上不少封疆大臣比较看好光绪，慈禧最后还是废掉了这个不学无术的大阿哥。

## 义和团的影响

多年来，洋人一直跟慈禧作对，我们就不说列强屡屡欺负清朝了，就说最近发生的事情。她想废掉光绪，列强百般阻挠，她想缉拿康有为，英国人把康有为藏起来。当慈禧听说康有为在英国人的帮助下偷渡成功，愤怒地说："这些洋人真可恶，总有一天我要报仇。"

不光慈禧反感洋人，民间也在酝酿着一股汹涌的排外潮流，这就是义和拳，义和拳对洋人的厌恶已经到了激进的地步。义和拳是一个民间暴力组织，慈禧不敢公开对洋人动武，义和拳对洋人的暴力行为无疑让她觉得很爽。

义和拳是由白莲教演化而来的，在山东和直隶一带活动，这个秘密团体最早的宗旨是反清复明。等后来洋人涌入中国后，他们又改弦更张，打出赶走洋人的旗号。

义和拳以仇杀洋人和教民为乐事。通常，他们用的武器都非常简陋和原始，也就是一些传统的冷兵器，所以义和拳又俗称大刀会。义和拳许多头领自称有神功护体，刀枪不入。

这个组织在很多人眼里是非常神秘的，他们习惯用红头巾扎头，穿着红兜肚，腿扎红带子，手裹红布，衣服里随手一抓就是各种各样的符咒。

曹州教案就是义和拳搞出来的，那时山东巡抚还是李秉衡。李秉衡跟慈禧一样，对洋人非常痛恨，所以对义和拳多有纵容。曹州教案发生后，德国人出兵胶州湾，再次掀起瓜分中国的狂潮。李秉衡因为办事不力被革职，暂且接替他的是张汝梅。

张汝梅只是署理山东巡抚，1899年，正式的山东巡抚毓贤到任。毓贤他既是一个酷吏，又是一个对洋人极为仇视的老顽固。毓贤来了以后，非但没有镇压义和拳，反而把义和拳招安，将他们改造成半官方的组织——义和团。

毓贤暗地里指使他们抢劫天主教堂，杀害外国神父。

这里还得说说袁世凯。其时，袁世凯俨然成了清帝国新升的一颗明星。袁世凯跟外国人打过交道，曹州教案发生后，他就感到大事不妙。袁世凯第一时间给当时的代理巡抚张汝梅发电报，让他在山东一些要塞驻兵，防止德军入侵。但张汝梅没有任何反应。

后来，德军果然占领了胶州湾，还不断向日照、沂州等地增兵。

袁世凯一再上书，请求朝廷向山东增兵。袁世凯的意见终于引起了朝廷的重视，荣禄命袁世凯和聂士成带领新军向山东进发。

袁世凯自从回国后一直在练兵，现在终于可以试试手中的刀有多锋利，这对他来说是兴奋的。出发之前，袁世凯给徐世昌写了一封信，信中说："这次去山东，我心里怦怦乱跳，想到马上就可以开仗，我无法掩饰自己的兴奋，不知道能不能如愿。"

但朝廷的意思很明显，不希望发生战争，只是想通过军事威胁迫使德军让步。袁世凯进入山东后，毓贤很不爽，心想山东是我的地盘，用不着你袁世凯来插一脚。所以，毓贤处处跟袁世凯作对。

毓贤安排了大量的眼线监视袁世凯，最后整理了袁世凯许多"罪证"，一并寄给朝廷。袁世凯心想你毓贤要跟我对着干，我就奉陪到底。也让人收集山东百姓对毓贤的不满，然后打包寄给朝廷。

朝廷的态度非常暧昧，居然两个都没得罪。根据朝廷的意思，袁世凯圆满完成任务，可以带兵回天津了。袁世凯傻眼了，不知朝廷为何做出这种安排，自己兴冲冲地过来，难道要一枪未发地回去？

回到天津后，袁世凯还时时想不通，接连给慈禧上了两道奏折，袁世凯不无激动地说："德国人分明是借着曹州教案事件侵占我国领土，他们有恃无恐地出兵胶州湾和日照等地，就是因为我们国防太脆弱了。我们大清虽然军队庞大，但大多是没有经过现代化军事训练的旧式士兵，所以现在最要紧的是练兵。"

慈禧觉得袁世凯的话也不是完全没有道理，便让他提出详细的练兵方案。袁世凯立即将自己的方案呈上，慈禧看后觉得确实不错。

慈禧还没来得及批准袁世凯的练兵方案，毓贤在山东又搞出事来了，他让义和团打出"扶清灭洋"的旗帜。德国人很愤怒，你们那些刀枪棍棒也想灭洋？不管了，赶快修一条从青岛到济南的铁路，这条铁路一通，德军就可以在最短的时间内调兵到山东各地。

德国在山东搞这么大的动作，其他列强口水啪嗒啪嗒地流。首先对清廷开口的是意大利，意大利请求清廷把三门湾让给意大利。李鸿章说："你们找错地方了，这里没门。"

意大利心想你们要来硬的，我们就派军舰过来。在这种情况下，慈禧不得不让袁世凯带兵进入山东。慈禧革掉毓贤后，让袁世凯接任山东巡抚。

## 袁世凯镇压义和团

袁世凯是晚清一个厉害的角色。

他到山东后，面临两个问题：一、镇压义和团；二、和洋人周旋，稳住洋人。

袁世凯很早就听说过义和团，这些人在他眼里不过是一群怪力乱神的乌合之众，对义和团的那些行为他根本不屑一顾。但他很清楚，如果任由发展，将来有可能烧毁大清国。

1900 年 1 月，袁世凯给慈禧上了一道奏折，说义和团虽然打出了“扶清灭洋”的口号，但他们终究是一群乌合之众，不可能灭得了洋人，所以清廷千万不要把希望寄托在他们身上。如果纵容义和团的话，反而会授洋人以柄，义和团盲目排外的情绪对于国家大局的稳定没有半点好处。所以，袁世凯坚决主张对义和团采取镇压政策。

袁世凯对义和团采取两手政策，剿抚并用。刚到任时，许多义和团的头领不清楚袁世凯的态度，以为他会跟前几任一样支持义和团，所以这些首领相约去拜访袁世凯。

袁世凯很客气地宴请了这些首领。酒席上，这些首领说自己刀枪不入。袁世凯不动声色地听着，不时地点头，等到首领们说得差不多的时候，袁世凯说道：“既然各位神通广大，袁某倒想见识一下。”

说完，袁世凯击掌三下，一群士兵端着枪走了进来。

袁世凯面不改色地说：“现在各位可以表演了。”

首领们傻眼了，袁世凯不等他们犹豫，下令：“开枪射击。”

一排枪声，这些首领全都应声倒地。

事后，袁世凯立即命人在全省张贴告示，宣布义和团为非法组织，朝廷要予以取缔，如有违抗命令者，杀无赦。在袁世凯的铁腕统治下，义和团很快就在山东待不下去了。

尽管袁世凯处理事情很果断，并且也确实安抚了洋人，但朝中对他不满的大有人在。朝中有许多人是同情义和团的，包括慈禧在内。

山东的义和团很快就转移到直隶境内，在直隶境内，义和团运动再次达到高潮。袁世凯得知后，立即上奏请求慈禧让直隶总督裕禄和自己夹击义和团。慈禧没有表态，她自始至终采取睁一只眼闭一只眼的态度。京城里，许多王公贵族对义和团兴趣浓厚，尤其是端郡王载漪还盼星星盼月亮地盼望义和团进京。

裕禄善于揣摩慈禧的意思，义和团进入直隶后，他不但没有剿匪，反而拜义和团的首领为大哥。义和团还在直隶总督的衙门设立祭坛，祭拜关公。

得到官方势力的庇护，义和团更加大胆行动，洋人和教民们死的死、逃的逃。

慈禧为什么这么纵容义和团呢？除了讨厌洋人外，还有一个重要的原因。慈禧非常喜欢听戏，对戏曲中那些神奇古怪的法术非常迷信。现在义和团上演的是一曲真实的戏剧，义和团所宣传的那些神怪东西能够满足慈禧内心深处的某种神秘渴望。

看到义和团的火势向京城蔓延，洋人非常担心。各国纷纷派出卫队保护使馆，就在义和团向京城进发的时候，洋人的军队也开向了京城。洋人的军队由英、法、美、俄、德、意、日、奥八国组成，共计两千余人，由英国海军中将西摩尔指挥。

就在此时，京城高层也发生了人事调动，极端排外的端郡王载漪进入总理衙门。从人事调动中我们可以看出慈禧的态度，她对洋人的仇视已经到了极其强烈的地步。

1900 年 6 月 10 日，义和团浩浩荡荡地逼近北京，北京城有十万名守兵，城门紧闭，团民们在城下高呼："开门开门……"

在没有接到慈禧的命令前，没有人敢开门。

守城的士兵严阵以待，准备对这些团民开枪。就在双方箭在弦上的时候，九门提督忽然接到谕旨：开城放人。谕旨还说这些人都是“爱国志士”，对“爱国志士”没有不欢迎的道理。

义和团就这样进入紫禁城，不到十天的时间里，义和团的部众已经发展到十几万人。说实话，这些团民在山东受到袁世凯的镇压，早就憋了一肚子火，如今进了紫禁城，上有太后的支持，下有百姓的呼声，若不好好发泄一番就太亏了。

京城似乎退回到李自成当年进京的时候，一片骚乱，一片狼藉，洋人和教民像野狗一样被团民追赶着，教堂被焚毁。清兵乐呵呵地看着这一切，因为上头有令，不要干涉义和团。

没过多久，京城家家户户都在筑坛念经，宫廷里也不例外，慈禧在天坛上筑坛念经。

眼看京城越来越乱，慈禧似乎也不想管了。自义和团进京后，端郡王载漪就跟义和团的首领联系上，想借义和团之手诛杀“一龙二虎”，一龙是指光绪，二虎分别是指李鸿章和奕劻。几十名团民冲进瀛台，想对光绪不利。慈禧知道后非常愤怒，我容许你们胡来，你们竟敢干涉朝政，吃饱了撑的。

慈禧处决了二十名团民，才把这起风波压了下去。

连日来，京城的经济和社会生活几乎陷入瘫痪状态，四千多家商铺被烧成灰烬，交易系统全部停止。

京城里有许多基督教信徒，从义和团进京开始，教民的末日就来临了。义和团将教民抓捕起来，然后实行大屠杀。

这一年是庚子年，这一年的动乱又叫庚子之乱。

后来，慈禧听说八国联军开往京城，也非常生气，紧急召开会议，任命刚毅、载勋、载漪等人为统帅，带领清军和义和团抗击八国联军。

美国忽然撤回自己的军队，他们还不想和中国闹翻。6月17日，七国联军攻陷大沽炮台。

6月20日，德国公使克林德被杀害，首级在东安门示众。

反正已经跟列强撕破脸，慈禧决定对列强宣战。6月21日，慈禧同时对英、美、法、德、日、意、俄、西、荷、奥匈等十一国宣战。

慈禧此时确实也是被逼急了，长期被列强欺负，找不到出路，干脆豁出去，来个鱼死网破。

## 八国联军很疯狂

看到京城发生动乱，八国联军入侵北京，袁世凯既担心，又有些快意。

大沽炮台失守的那天，袁世凯就接到带兵勤王的命令。袁世凯早就对慈禧纵容义和团不满，现在要他勤王说什么也不会答应，何况他好不容易训练出来的新兵，如果一下子全葬送了，以后还怎么混？

袁世凯不愿出兵，但也不好直接违抗命令，只好派出一小股部队，然后对慈禧解释说自己派出的人数虽少，但都是精兵，山东这边形势也非常危急，如果倾巢北上的话，山东很有可能全部沦陷。

袁世凯是个非常善变的人，以前他是高调剿匪，但现在慈禧收编了义和团，袁又宣称义和团是合法的，山东境内的义和团必须全部北上，帮助清朝廷打洋人，如果胆敢不去，就说明是冒牌的义和团，凡是冒牌的一律赶尽杀绝。

八国联军看到战争不断升级，也不断增派部队，到最后联军人数发展到三万人。7 月，太原总兵聂士成阵亡；天津沦陷，直隶总督裕禄自杀；八国联军从天津开往北京，沿途抵抗的清军和义和团有十五万人，但这些人不堪一击。

8月，八国联军向北京发动了进攻。两天后，慈禧吓怕了，带着光绪皇帝等人仓皇逃离紫禁城，这就是所谓的“庚子西狩”[①]。八国联军进城后，又开始了一场浩劫，这些人把对慈禧的怨恨全部发泄在北京城里的百姓身上。

德国高层给德军下了一道命令：在战斗中，只要碰到中国人，不论男女老幼，一律格杀勿论。

日军则更喜欢折磨人，喜欢做一些变态的实验，他们拿北京人民做实验，看看一颗子弹能穿过多少人。

法国军队也很残忍，他们遇上了一群中国人，然后把这些人逼到一个死胡同里，最后开枪射击，一个不留。

一些官员为了防止家人被辱，带着全家人投井自杀，同治的岳父崇绮的妻子和女儿被押到天坛，她们回来后，崇绮带着全家人自杀了。

与此同时，俄国出动十七万名大军侵占中国东北，中国面临着亡国灭种的危险。

---

① ［清］吴永口述，刘治襄写成见闻录《庚子西狩丛谈》，始有“庚子西狩”之说。但所谓皇家到西边“狩猎”，不过是“逃亡”。

## 落魄的凤凰不如鸡

慈禧出逃的时候，虽有马玉昆带领的一千名官兵护驾，但一路上还是非常艰难的。由于出逃仓皇，食物和衣服都很缺乏，一路上，慈禧和光绪只能睡在土炕上，连个被褥都没有。

慈禧到达北京西北的怀来县后，县令吴永负责接驾，情况才稍有好转，但战争年代，珍馐佳肴是没有的。县令给慈禧等人呈上了小米粥和鸡蛋，慈禧等人狼吞虎咽，仿佛这是天下最好吃的美食。

休息好了之后，慈禧继续西逃。在逃亡的过程中，慈禧收到列强的通牒。在列强的压力之下，她不得不严惩主战的大臣，下旨让载勋自尽，毓贤就地正法，载漪和载澜发配新疆。同时，慈禧还把一切责任推到义和团身上，说这些乱民是罪魁祸首，一定会派人征剿的。

其实，慈禧终究是一个女人，洋人让她流亡，她何尝不恨得咬牙切齿，慈禧原本下令各地不惜一切抵抗洋人。这时，李鸿章站出来了，他全力阻止慈禧这种玩火自焚的行为，李鸿章认为现在最要紧的是跟列强谈判。李鸿章代表东南十几个省跟列强签订了互不侵犯条约，这一事件就是所谓的“东南互保”。

事实上，八国联军攻陷北京后，继续向直隶进军。当时袁世凯在山东，心知情况危急，便联系德国公使，跟对方交换意见后，知道他们不会侵略山东，心里的石头稍稍落地了。

当然，袁世凯对洋人并不是很信任，所以他让人连夜赶制大量石碑，上面刻着山东某村某县的字样，再将这些石碑矗立在山东和直隶的交界处。这一招确实管用，八国联军看到界碑，知道这是袁世凯管辖的地区，也就绕道而行。

稳定洋人后，袁世凯开始为自己的命运担心。慈禧让他勤王，他一再敷衍，性好猜疑心狠手辣的慈禧一定不会放过自己，怎么办呢？

袁世凯知道慈禧是个有恩报恩、有仇报仇的女人，现在正是慈禧落难的时候，如果在这个时候给她一些帮助，或许她能不计前嫌。于是，袁世凯让人四处打听慈禧的行踪。当他听说慈禧等人像丧家犬一样逃到太原时，立即让人给慈禧送去大量的银子、衣物和美食。袁世凯这招还真管用，看到袁世凯送来的东西，慈禧的不满瞬间烟消云散。

在太原待了几天，慈禧又继续西逃，到达西安。

到了西安后，生活总算是稳定下来，慈禧又过起了奢靡的生活。虽然生命安全得到了保障，但慈禧还是非常担心，她怕各国公使会将自己列为头号战犯，一再催促李鸿章进行谈判，要确保列强不要把愤怒的矛头指向自己。慈禧还向列强道歉，说中国的这次动乱事发突然，自己完全没有料到，得罪了你们这些友邦，实在很抱歉。

李鸿章和奕劻与十一国公使开始了谈判，终于确定了一份《议和大纲》。当李鸿章派人将《议和大纲》送到西安后，慈禧看自己并没有被列为头号战犯，列强还允许她保留自己的地位时，已经高兴得昏过头。她立即给李鸿章回电：所有条款，立即允准。

## 战后新政

李鸿章原本已退居幕后，八国联军攻入北京后，慈禧再次起用他，让他担任直隶总督兼北洋大臣，代表清廷与列强谈判。所以说，李鸿章是一个非常可悲的人。

也就是在这个时候，许多有识之士恳请李鸿章就任中国大总统，支持者不乏像张之洞、刘坤一这样的实力派。李鸿章也不是没考虑过，但是他始终还是一个传统的士大夫，始终不敢挑起大梁。

接下来，李鸿章与列强签订了《辛丑条约》，这个条约是非常不平等的，中国要赔偿十亿两白银，据说李鸿章签字的时候当场吐血。

《辛丑条约》签订后，只有慈禧一个人是高兴的，全国人民都陷入了巨大的悲痛中，都在骂李鸿章是卖国贼。

不久，李鸿章就在悲愤中离开人世，临死前李鸿章反复念叨着："毓贤误国。"

据说李鸿章临死前，给慈禧和光绪上了一道奏折，在奏折中他给慈禧推荐了自己的接班人，李鸿章说："环顾宇内人才，无出袁世凯右者。"

慈禧接受了李鸿章的意见，让袁世凯担任署理直隶总督兼北洋大臣。此时，袁世凯俨然成为大清国的脊梁柱。在当时的中国，只有两个人算是实力派，一个是张之洞，另一个就是袁世凯了。张之洞把湖南、湖北经营得不错，给自己的军队自强军装备了德国新式武器。袁世凯的新军比张之洞的军队更强，不仅配备了新式武器，还接受了严格的西式训练。

1901 年 10 月，慈禧决定返回京城。到达直隶境内时，袁世凯听说慈禧进入直隶，立即准备了盛大的欢迎仪式。他将保定的行宫布置得极为奢华；慈禧离开直隶的时候，袁世凯为她准备了当时清朝最豪华的专列，慈禧和光绪各用一节车厢，车厢内用豪华黄缎铺饰，慈禧用的瓷器和杯盘都是精心制作的。

就这样，袁世凯让慈禧无限风光地坐上了驶往北京的列车，慈禧很高兴，回到北京后赏给袁世凯一件黄马褂，允许他在紫禁城里骑马。

慈禧回京后，表示对义和团绝不姑息，袁世凯奉命征剿义和团，义和团大股势力基本被扑灭。后来，一个叫景延宾的人收拢义和团的残余势力，又打出“扫清灭洋”的口号，将清政府和洋人都当成敌人。袁世凯命令段祺瑞搜捕景延宾，一个月后，景延宾领导的义和团被扑灭，景延宾本人被凌迟处死。

袁世凯办事确实利索，慈禧很满意，1902 年 6 月，清廷正式封袁世凯为直隶总督兼北洋大臣。

经过这次劫难，慈禧也知道必须推行新政了，她让奕劻、刘坤一、袁世凯等人推行新政。新政的内容包括整顿吏治、改革官制、改定刑律、兴办学校、派遣留学生、成立警局、奖励实业、军队改革等。

# 第九章　这一年皇帝和太后先后离去



十几年生活在一座孤岛上，光绪曾多次感叹自己还不如汉献帝。光绪知道，自己虽然名义上是个皇帝，但性命随时不保，一旦慈禧不需要自己，就可以直接把自己抹掉。光绪是慈禧的政敌，这就是为什么有人怀疑光绪是被人谋害的。慈禧晚年感到来日无多，很担心光绪复出，重操大权。

## 光绪死因之谜

1908 年 11 月 14 日，光绪帝驾崩于中南海瀛台的涵元殿，这位多灾多难的皇帝终于结束了自己悲剧的一生。

然而，他的死至今仍是一桩疑案，他究竟是自然死亡，还是被人谋杀，一直以来众说纷纭。事实上，光绪自被囚禁于瀛台，就一直过着生不如死的生活。光绪是个尊严感很强的皇帝，也是一个有大志的皇帝，过着囚犯的生活，其心情之压抑我们可以想象。

十几年生活在一座孤岛上，光绪曾多次感叹自己还不如汉献帝。光绪知道，自己虽然名义上是个皇帝，但性命随时不保，一旦慈禧不需要自己，就可以直接把自己抹掉。光绪是慈禧的政敌，这就是为什么有人怀疑光绪是被人谋害的。慈禧晚年感到来日无多，很担心光绪复出，重操大权。只要光绪掌权，慈禧在地下都不安稳，为何？

因为慈禧生前一再迫害光绪，她担心自己死后，光绪会怠慢自己，会像伍子胥和顺治那样“鞭尸”。恰好光绪死后一天，慈禧也驾崩了。所以人们有理由怀疑，慈禧在知道自己来日无多后，先让人下手毒死了光绪。

也有人认为光绪是正常死亡，我们来看看这个观点。

在清朝的正史中记载光绪是正常死亡，内容不过是光绪生病了，而且病入膏肓，御医治不好。这种看法貌似有道理，因为光绪从小身体就不好，长大后也是多病，加上心情抑郁，早逝的概率确实很大。

根据清宫档案的记载，光绪的病状主要是虚痨病，外加精神抑郁，导致五脏六腑都受损，阴阳两虚，气血双亏，最终神离魄散而死。用现代的医学观点就是，光绪有肺结核和心肺功能衰竭之病。

持有这种观点的人主要是依据清宫史料的记载。正史不可尽信，所以才需要后人辨析。光绪有病是真，但给光绪看病的整个过程都是由慈禧监控的。慈禧让奕劻负责为光绪治病，所以任何医生如果没有得到奕劻的批准是不能进入瀛台的。这就意味着光绪的生死操纵在慈禧的手中，慈禧如果想伪造病情只是举手之劳。

持谋杀观点的人，在凶手问题上有许多分歧。

第一种观点，认为杀害光绪的凶手是袁世凯。溥仪在自传《我的前半生》中提到，戊戌变法时，袁世凯辜负了光绪的信任，在关键时候倒向了慈禧。袁世凯担心慈禧死后，光绪掌权，自己会受到追惩，所以动手除掉了光绪。在光绪驾崩的前一天，袁世凯派人送来了药丸。光绪恨袁世凯可能是事实，但当时袁世凯也没有更好的办法。

还有人说光绪临终前嘱托隆裕太后和载沣，让他们除掉袁世凯，为自己报仇。尽管袁世凯有作案动机，而且跟奕劻的关系铁，确实也有杀掉光绪的能力。但这个说法缺乏证据，溥仪的说法也是从一个老太监口中得知的，老太监也是听别人说的，口口相传的东西往往不可信。

第二种观点，认为谋害光绪的人是李莲英。

李莲英跟光绪的矛盾由来已久。慈禧重病之后，李莲英惶恐不安，便同慈禧合谋害死了光绪。慈禧的女官德龄便持有这种看法，她在书中写道："万恶的李莲英眼看太后的寿命已不久，便暗自着急起来。他想与其等光绪掌了权来跟自己算账，还不如自己先下手为好。经过几度筹思，他的毒计便决定了。'近来奴才听许多人说，万岁爷的身子很不好。'凑着一个机会，他就悄悄地对太后说，语气非常奸猾。'奴才愿意去瞧瞧看，或许可以使他的身体好起来。'他这一串话的深意，当时太后究竟有没有听清楚，实在没有人敢断定了。但为稍存忠厚起见，我们不妨姑且说她病中精神恍惚，所以没有窥测到李莲英的真意。就在李莲英说过这番话的第二天，光绪便好端端地害起了厉害的病来了。"

德龄的文字非常不客观，太多渲染和主观臆断。虽然她的话不足为信，但李莲英确实是有嫌疑的，李莲英肯定与光绪有矛盾。英国人濮兰德和白克好司在《慈禧外纪》（也有版本叫《慈禧外记》）中也认为是李莲英害死了光绪。这种观点仍然缺乏充足的证据。

第三种观点认为谋杀光绪的人是崔玉贵。

崔玉贵也是慈禧非常宠信的一个太监，谋杀珍妃的人就是他。本来想处死珍妃的是慈禧，但慈禧回京后把一切责任推到崔玉贵的身上，说崔玉贵误解了自己的意思，自作主张处死了珍妃。试想，慈禧死后光绪上台，会不会宰了崔玉贵？如果不除掉光绪，崔玉贵就是必死了，所以崔玉贵很有作案动机，但是缺乏的仍然是证据。

第四种观点认为杀死光绪的是奕劻。

持有这种观点的人是晚清翰林院庶吉士胡思敬，他在《国闻备乘》中讲了这样一件事：奕劻推荐郎中力钧进宫给光绪治病，力钧给光绪进献了一服药剂，光绪吃后狂泻不止。第二天，力钧再进去，光绪怒目而视，后来，力钧再也不敢去了。这个传闻是真是假无法验证，即使是真的，也不能完全断定杀害光绪的人就是奕劻。

第五种观点认为杀害光绪的凶手就是慈禧。

恽毓鼎在《崇陵传信录》中记载过这样的事情：得知慈禧病了，光绪面有喜色，慈禧听说了这件事大怒："我不能死在你前头。"

换句话说，慈禧担心自己死后政权落入光绪手中，怕光绪推翻自己制造的种种冤案，更怕光绪在史书中抹黑自己，所以下手毒死了光绪。

事实上，光绪在囚禁瀛台的日子里，仍然没有放弃学习。他每天都在阅读中国古典书籍和西方的一些书籍，甚至还每天跟德龄学习一个小时的英文，询问西方国家的政治制度和风土人情。德龄如此回忆当年光绪向自己求学的事情：

> 每早见皇帝，当余有暇时光绪必问英文，所知甚多。余见皇帝，极有趣味。在太后面前，面容肃默，或有时如一呆子。若离开时，竟然又是一人。

在中国第一历史档案馆里还保存着光绪当年索要图书的书单，从中可以看出，光绪求学的欲望丝毫未减。这说明，光绪对未来还是存有希望的，他现在只不过是韬光养晦，指望有天慈禧死后，自己能够重掌朝政。听说慈禧病重，光绪心里肯定是高兴的，他万万没想到，环境太险恶了，一个表情不对就可能有性命之忧。

清宫太监在回忆录《清宫琐谈》中有这样的记载："光绪本无大碍，诸医开方借以平和之剂为药，然而，太监们在光绪死前已得到光绪驾崩的消息。当时在瀛台侍疾者共六名，其中两人饿死，剩下几人食不果腹，‘因饿失血者又凡三人’。光绪死前，在床上召唤医生周某，他两眼瞪大，四次用手指指口，周某知帝饿极，但实在是没有吃的，就连他本人也三天未进食了。后来，光绪帝渐无声息了。不久，醇亲王入见，周报告说皇帝已去世，醇亲王用镜子试皇帝鼻息，确信其已死亡，于是匆匆而去。一会儿，皇后赶来探视，随后便把皇帝驾崩的消息公之于众。”

著名金石学家、教育家启功先生的曾祖溥良当时担任礼部尚书，是主管礼仪的最高官员。根据溥良的回忆，慈禧临终前，他就守候在慈禧的寝宫外面。在宣布慈禧驾崩前，溥良看到一个太监端着一个碗出来，溥良问是什么。太监回答说是老佛爷赏给万岁爷的酸奶。光绪服下了这碗酸奶就驾崩了。

光绪之死可以说疑云重重，众说纷纭，有一点是无法否认的，光绪确实死得太突然了。没有人想到光绪会突然死去，大家都不知道该怎么办，甚至不知道应该把皇帝葬在哪里。大家只好暂时把光绪的遗体停在梁各庄行宫，一个月后，才为光绪选好陵址，开始修建陵墓。到 1915 年时，光绪才正式下葬崇陵。此时，距离他去世已经有七年了。

为了解开光绪暴死谜案，考古学家联合中央电视台、中国原子能科学研究院、北京市公安局法医检验中心、清西陵文物管理处等机构组成了专题组，经过五年多时间的研究和实验，用先进的科学技术来探寻光绪死亡之谜。

最后得出结论，光绪死于砒霜中毒。但是究竟是谁下的毒，仍然是一个谜。



## 清德宗光绪是个什么样的人

光绪虽然是一个天子，但一生坎坷，活在慈禧的阴影里痛苦不堪，他想摆脱慈禧，可是每次受伤的都是自己。

悲剧贯穿着光绪的一生，不但政治生活是一个悲剧，连家庭生活也是莫大的悲剧。光绪只有一个皇后两个妃子，后妃数量在中国皇帝中算少的。但即便是这两个妃子，他也不能根据自己的喜好去爱。

后人总结光绪的家庭生活有八大不幸。

不幸一：没有正常的父子关系。一般来说，皇帝的父亲也是皇帝，这种关系比较正常，天伦之爱和君臣关系并不冲突。但光绪就不一样了，他的亲生父亲必须跪在他的面前，父子之间无法享受天伦之乐。父亲不能安慰儿子，儿子也不能在受伤时扑入父亲的怀抱。

不幸二：没有正常的母子关系。慈母之爱是一个儿子不能缺乏的，乾隆跟母亲的关系就相当好，孝子慈母，垂范天下。而光绪想见自己亲娘一面都难，相信光绪自己都觉得这个皇帝做得太累了，如果做一个普通人会幸福得多。

不幸三：爱不起爱不得的皇后。隆裕皇后是慈禧的侄女，首先光绪不爱她，也厌恶跟她亲近。光绪清楚，她不光是自己的皇后，也是慈禧的耳目，所以很多事情都不敢对她说。

不幸四：深爱珍妃却不能在一起。光绪爱珍妃，珍妃爱光绪，可是慈禧很讨厌珍妃。慈禧还将光绪唯一深爱的女人害死了，这对一个皇帝来说是非常痛苦的。

不幸五：没有正常的手足之情。一个正常人都会在乎兄弟之情，可惜光绪却不能这样，他跟兄弟相隔很多层，是君臣关系。

不幸六："亲爸爸"根本不亲。光绪是由慈禧抚养大的，但慈禧很少给光绪温情和母爱。相反，光绪长大后，慈禧对他多有提防，不断迫害和打击。

不幸七：光绪无儿无女，无法享受天伦之乐。

不幸八：光绪被囚禁在瀛台，一个人孤孤单单，断绝了跟外界的联系，心灵之寂寞常人难以想象。

作为一个帝王，光绪并不是一个昏君，他有思想，想变革，想强国；可惜他性格懦弱，在实力、权谋方面完全不是慈禧的对手，所以终生活在慈禧的淫威之下，一生不能施展抱负。

在历史的非常时期，如果没有杀伐决断的魄力，即使想改革，也很难有所作为。光绪想奋发有为，通过维新变法强国收权，可惜没有与之匹配的手段和铁血心肠，这注定了他的失败。

孙中山曾这样评价光绪："维新运动后革命之得到大步迈进，还得感谢光绪皇帝。"

## 慈禧临终前的安排

1908年，也就是光绪三十四年，慈禧已经年过七十了。转眼又到了过寿的日子，此时她掌握大清权柄已经近半个世纪。

大寿之前，慈禧已感觉年老体衰精力不济，她预感到自己可能来日无多。大寿虽然办得很豪华风光，但慈禧心里没多少喜庆的感觉，她更多的是担心生老病死。

大寿那天，慈禧在西苑颐年殿看戏，看完戏后回到仪鸾殿就寝。没想到回去不久，她就病倒了，这些天，她吃了些果饼，没想到腹泻更严重了。

慈禧一病倒，大清帝国的大厦就摇摇欲坠，偏偏这些天光绪也在生病。朝廷大员们最关心的莫过于储君问题。慈禧并没有放弃对朝政的控制，她还是很希望自己的病能早点好，病好后可以继续统治整个大清。不过，两手打算还是必需的。病中，慈禧做出了一个重要的决定，将醇亲王载沣的儿子溥仪接入宫中。

其实，这时候如果慈禧不做决定的话，各方势力都会蠢蠢欲动。当时幻想最大的是恭亲王溥伟，他是恭亲王奕䜣的孙子，从他爷爷开始就在做皇帝梦，好不容易又逮住一个机会，怎么肯放弃；甚至连奕劻父子都想做皇帝。

此时，京城里到处传言袁世凯打算废掉光绪，立自己的哥儿们载振为皇帝。听到这些流言，慈禧很担心，她最担心的是奕劻和袁世凯联手，到时朝中就无人是他们的对手了。为了防止情况有变，11 月 7 日，慈禧让奕劻去遵化为自己选择陵寝。其实，慈禧这招是调虎离山，将奕劻调离京城，才能确保政权顺利过渡。

调离奕劻后，慈禧又让铁良统领一镇的兵力镇守京城，倘若出现乱子，将在第一时间镇压。

虽然慈禧心里已有算盘，但在接溥仪入宫之前她还是召见了张之洞、世续等重臣，询问他们立嗣的问题。张之洞等人实话实说，觉得应该立一个长君，国有长君社稷之福。这些人心里都想，如果再立小孩子的话，恐怕又会出现太后垂帘听政的事。所以，大家一致主张立载沣。当时载沣已经担任军机大臣之职。

慈禧经过反复权衡后，决定立溥仪为储君，溥仪之父载沣为摄政王。载沣是光绪皇帝的异母弟弟。

11 月 14 日，光绪驾崩。此时，慈禧的病情也越来越重，近乎弥留。慈禧在如此重病的情况下，依然打起精神召载沣、奕劻（接班人确定后，奕劻便回来了）、张之洞、袁世凯等人进宫，正式宣布新皇帝的人选：溥仪当皇帝，继承大统，同时过继给同治和光绪。

临死前，慈禧对自己的一生做出了总结："我几次垂帘，不了解内情的人还以为我贪恋权势，其实是情况逼得我不得不这么做。"都说人之将死其言也善，快死的人是不会撒谎的，但是慈禧的总结告诉我们，有些人就是要死了也不会改变撒谎的习惯。

慈禧还剩最后一口气的时候，忽然颁布了这样一道诏书："以后不准再让妇人干政，后宫干政与本朝家法相违背，必须严格限制。同时也不要让太监干政，明末亡国的教训殷鉴不远。”

我们不要把慈禧这些话当真，她弄权了一辈子，最后还说这样的话。再说了，大清的气数也快完了，不会再有妇人有机会弄权了。

## 慈禧的生活习惯

慈禧是个很注重养生的人，衣食住行非常讲究。

慈禧的衣服由江宁织造专门负责，成千上万，不可计数。有一次慈禧东巡，随身竟带了两千多件衣服。一次出行就带这么多衣服，可见这个女人生活之奢侈。如此挥霍民脂民膏，大清还有不亡的道理吗？

对于饮食，慈禧就更加讲究了。慈禧设立了一个专门为她做饭的御膳房，御膳房下面又设了五个局，分别为荤菜局、素菜局、饭局、点心局、挂炉局。

慈禧的御膳房规模庞大、太监众多，很多厨师专门只做一两个菜，每一样菜、每一种食物都要做到相当可口。慈禧的口味非常刁，她一口就能吃出味道是否地道。有一次去清东陵，做烧卖的刘师傅未能随行，便让另一个厨师代做。没想到慈禧尝了一口就勃然大怒，立即召刘师傅过来亲自做。

慈禧的菜单上有四千多种菜，慈禧最爱吃的食物有：小窝头、饭卷子、油性炸糕、烧卖、黄色蛋糕、炸三角、荷叶粥、肉粥、绿豆粥、小米粥、薏仁米粥、果料粥、粳米粥、佛跳墙。

除了饮食挥霍之外，慈禧在养生方面还有一些特殊的习惯，如喜欢喝人乳。

此外，慈禧还特别喜欢吃鸭子，她最爱吃的有清炖肥鸭、清炖鸭舌、盐鸭掌、熏鸭等。

在吃的方面，慈禧可谓无所不用其极，以至于有人说："慈禧的一生，简直是为吃而存在的。"慈禧每一次就餐，至少要有一百多道菜。

我们再来看看慈禧的爱好。

慈禧虽然文化水平不高，批阅奏折时经常错字连篇，但她还是很喜欢附庸风雅的。她曾经请一些书法一流的女人教自己练字，除了书法之外，她还爱好绘画。当然，她绘画的功夫不怎么的，但不管怎么说，能有这份心思也算不错了。

慈禧知识水平虽然不高，但还是很喜欢看书的。史书太难看，她主要是看《封神演义》《三国演义》之类的书，而且还从这些书中学习治国的经验、权术的技巧。当然，慈禧最大的爱好还是听戏。

总的来说，慈禧的兴趣非常广泛。

她是一个爱权力的女人，也是一个爱美的女人，更是一个爱财的女人。我们可以说，慈禧一生中最爱的还是权力，排名第二的就是自己的生命了，排名第三的是财产。慈禧爱财如命，聚敛了大量的财富。她还收集了大量的珍奇异宝，根据德龄的记载，她仅仅在一个房子里就看到了三千多盒珠宝。

无论如何，这个穷奢极欲的女人离开了多灾多难的人世。在临终前她虽然做了周密的安排，但人算不如天算，辛亥革命的爆发，终于让清王朝寿终正寝。

# 第十章　载沣与袁世凯斗法

载沣虽然不相信光绪是袁世凯害死的，但他确实有惩治袁世凯的意思。袁世凯重兵在握，对清廷已经形成尾大不掉的威胁。如果任其发展下去的话，将来清廷势必受制于袁世凯。而且载沣很清楚，袁世凯一路鼓吹君主立宪，就是想搞垮清政府。

## 可怜的摄政王

溥仪能当上皇帝不光是因为他是醇亲王奕譞的孙子，还因为他的外祖父是荣禄。荣禄是慈禧的宠臣，传说慈禧在进宫前就爱上了荣禄，执掌权力后，跟荣禄的关系更为暧昧。再说了，荣禄也是一个实力派，手握兵权。

根据溥仪的说法，他对慈禧没有好印象。溥仪回忆说：“我记得自己忽然处在许多陌生人中间，在我面前有一个阴森森的帷帐，里面露出一张丑得要命的瘦脸——这就是慈禧。”当时溥仪坐在地上号啕大哭，慈禧让人给他一串冰糖葫芦，溥仪将冰糖葫芦摔在地上，慈禧当时很不高兴。

在为慈禧和光绪举办丧礼的时候，溥仪坐在宝座上很不耐烦，大哭大喊。载沣在旁边只好尽力哄溥仪：“别哭别哭，快完了快完了。”载沣无心中说出了很不吉利的话，很多大臣认为这是不祥的话。果然，三年后，辛亥革命爆发，清政府倒台。

溥仪的父亲摄政王载沣是一个好男人，但不是一个好的政治家。他为人很随和，而且喜欢清静，在生活上追求舒适和安闲。载沣喜欢读书，对政治的兴趣反而不是很大。载沣不抽烟不喝酒，生活单调而无趣。听说慈禧让自己带着溥仪入宫，他是不愿意的，也是无奈的。

像载沣这样平庸的人要想稳住局面是不可能的，在乱世中，如果没有相当的手腕不可能稳住局面。当时全国最有权力的人是袁世凯，载沣既然当了这个摄政王，出于一种责任感，他也必须干一番事情。

首先是中央集权，将权力从袁世凯那里夺过来。在和袁世凯争权的过程中，载沣明显感觉到非常吃力。确实，一个好男人是不可能斗得过袁世凯这样铁血的人物的。

其实，到了载沣摄政的时候，清帝国已经处于崩溃的边缘，只有一双强有力的手才能把权力分散的帝国捏合在一起。

国内的地方势力几乎就快形成割据，清政府对地方督抚的影响力日渐衰弱，而列强又在中国肆意瓜分。日本和俄国在东三省活动，几乎把东三省当成自己的领土。最要命的是国内的反清运动此起彼伏，载沣虽然想尽办法镇压，但是越镇压，反清活动就越激烈。

清朝政也相当腐败，载沣拿这些腐败的官员毫无办法。看到朝廷官员结党营私，只顾着自己的利益，而大清帝国却摇摇欲坠，载沣非常痛心。人浮于事，载沣想改变却力不从心；更让他气愤的是他的妻子瓜尔佳氏却带头给他抹黑。瓜尔佳氏喜欢钻戒，一些官员投其所好，这样一来，载沣想惩贪也不知从何下手了。

最棘手的问题还是财政，载沣摄政时清廷国库空虚，所有部门都只知道伸手要钱，对外赔款早就让清政府欠下了一屁股的债。

载沣面对的就是这么一个内外交困的局面，但既然接手了这个烂摊子，那么就得干下去。

载沣决定先从袁世凯下手。

## 排挤袁世凯

光绪死后，远在海外的康有为散布消息说光绪是袁世凯害死的，他接连发出《光绪帝上宾请讨贼哀启》和《讨袁檄文》，指责袁世凯是谋害光绪帝的头号凶手，请求载沣惩治袁世凯。

载沣虽然不相信光绪是袁世凯害死的，但他确实有惩治袁世凯的意思。袁世凯重兵在握，对清廷已经形成尾大不掉的威胁，如果任其发展下去，将来清廷势必受制于袁世凯。而且载沣很清楚，袁世凯一路鼓吹君主立宪，就是想搞垮清政府。

载沣摄政后，首先冷落袁世凯，重用张之洞。

不久，就有人站出来说袁世凯是个奸诈小人，让载沣惩治他。御史赵炳麟借机上书，说袁世凯是曹操刘裕之流，不仅结党营私，还把持军权，如果不拿掉他，势必危及大清江山。

至于朝廷的一些元老更是主张杀掉袁世凯以绝后患。载沣确实动了杀掉袁世凯的念头。

奕劻听说载沣想杀掉袁世凯，立即找到载沣，愤怒地说："你要杀袁世凯不难，但是你有没有想过，杀了袁世凯之后，北洋军要造反你能镇压得了吗？"

奕劻这一说，就把载沣吓清醒了，载沣只好放弃干掉袁世凯的想法。不光奕劻不同意杀掉袁世凯，朝中一些元老也不同意，譬如张之洞，他认为新君即位，维持稳定为第一要事，现在杀掉袁世凯势必引起国内政局的动荡，到时候遭难的还是大清，还是天下的百姓。

袁世凯侥幸逃过一劫，不过他很清楚，自己现在是载沣的眼中钉，他迟早会除掉自己，鳌拜和肃顺的例子就在眼前。这段时间，袁世凯被吓坏了，待在府里不敢出门，后来想来想去，还是三十六计走为上策。

一天晚上，袁世凯狼狈不堪地换上普通人的衣裳，惶恐不安地离开了北京。回到天津后他还觉得不踏实，想偷渡到日本去。他的门生杨士骧知道此事，让自己的儿子杨毓瑛去找袁世凯，转达自己的意思：这时候千万不能逃到日本，如果逃到日本的话就等于是叛国，说明自己底气不足。唯今之计，只能立即返回北京，以不变应万变，你本来就没有犯罪，应该理直气壮地待在北京。

袁世凯终于被说服了，又偷偷地跑回了北京。到了北京后，载沣给他下了一道圣旨，这道圣旨很有意思，以溥仪的名义发布：军机大臣袁世凯为国家出力很多，是国家的栋梁，朕即位以后很希望袁世凯继续为国家效力，可惜袁世凯患上了足疾，行走十分困难，不能继续为国效力，所以朕特许他回家养老，以示朝廷对大臣的体恤之情。

收到圣旨时，袁世凯大汗淋漓，他很担心载沣会宰了自己，现在知道性命无忧，心里的一块石头总算落地。虽然职务全丢，但终究保住了一条性命，袁世凯还是觉得庆幸。



## 收拢兵权

载沣对于兵权是非常重视的，这可能跟他出使德国的经历有关。

光绪二十七年（1901年），载沣以皇帝兄弟的身份出使德国，德皇让亨利亲王招待载沣，亨利带着载沣参观了德国军队。这次参观给载沣留下了深刻的印象，亨利告诉载沣，在德国皇室里，皇家子弟都是从陆军学校毕业的。他们从低级军官一直升到高级将领，因此德国的军权牢靠地掌握在皇室的手中。

载沣回国之后，把德国的这种军事思想转告给光绪，认为大清应该模仿德国，皇家子弟必须掌控军权。

载沣监国后，想把军权牢牢地抓住。1908年十二月初三，载沣颁布了一道诏书，宣布禁卫军的指挥权归摄政王。载沣还派人出洋考察，回来后训练禁卫军。宣统二年，载沣又提出振兴海军和陆军，命肃亲王善耆、镇国公载泽、兵部尚书铁良、提督萨镇冰创办海军。我们知道，李鸿章本来已经创办了海军，但是中国海军在甲午中日海战中全军覆没。

为了将陆军权力集中在自己的手中，载沣也采取了一些措施。以前各省督抚都身兼陆军部尚书和侍郎等职，载沣觉得这样不行，只会让督抚的权力过大，于是决定将各省的兵权回收到清政府中央，各省督抚如果要调兵的话，必须先经过中央部门的同意。在清政府中央，载沣把军权交给自己的兄弟们，贝勒毓朗管理军谘处事务，载沣六弟载洵掌管海军，七弟载涛掌管禁卫军。

在载沣看来，对自己掌管军权威胁最大的是袁世凯的北洋集团，所以他重用大量留洋的留学生，企图取代袁世凯北洋海军的势力，他将一批忠于自己的留学生放到军队的重要岗位上。

载沣急欲振兴大清，但是效果不是很明显，因为载沣任命的这些人不具备军事领导的才能。这些八旗子弟已经完全丧失了祖先们的尚武传统，这些人要想在军队中站稳脚跟是不可能的。

## 袁世凯回老家

1909 年 1 月 6 日，袁世凯拖着沉重的身体，疲惫不堪地来到北京火车站。送行的人只有寥寥几个，跟袁世凯红透半边天时的情况完全不同。

送行的几人之中就有张之洞，张之洞虽然在政治上是袁世凯的对手，但两人多少也有惺惺相惜的感觉。看张之洞来送自己，袁世凯动容地说：“你就不担心会连累自己？”

张之洞苦笑说：“项城你走了之后，恐怕很快就会轮到我了。”

袁世凯和张之洞、严修、杨度等人告别后便踏上了前往河南的列车，这是一辆绿皮火车，也就是最普通的那种。可见，袁世凯懂得低调做人的道理。

在火车上，袁世凯越想越心酸，觉得这个世道炎凉，以前自己得势时门槛都被人踏破，现在居然没几个人来送自己。

袁世凯想到自己的恩人翁同龢。翁同龢被贬谪时，朝中没有一个人敢为他说话，最后无限凄凉地还乡了。到了天津时，袁世凯听说他来了，也不敢见他，却给他写了一封信，上面还附了一张银票，让人送给翁同龢；当翁同龢看到袁世凯的书信，竟然当着来人的面哗哗流泪。

袁世凯跟家人的关系不是很好，他曾因为葬母之事得罪过家人，所以他到了河南境内后，并没有回项城老家。袁世凯究竟因何得罪了家人？事情是这样的，袁世凯生母刘氏去世的时候，他正在山东剿灭义和团。袁世凯曾提出想要回家守丧，但遭到慈禧的拒绝。因此，他母亲的遗体一直没有得到正式的安葬。当上直隶总督后，袁世凯才有时间回家葬母。

袁世凯的母亲是庶出，根据当地的规矩，庶出的小妾不可以从正门出殡，也不能葬在祖坟的正穴中，更不可以跟丈夫合葬，合葬的位置是留给正妻的。

袁世凯常年在外奋斗，没有多少时间孝敬母亲，母亲死后，袁世凯非常伤心。现在家里人要用这种待遇葬自己的母亲，说什么他也不肯答应。他一定要母亲从正门出殡，还要葬在祖坟中，与自己的父亲合葬。全家人都不同意，认为袁世凯疯了。袁世凯无奈，居然跪在地上求主持葬礼的二哥袁世敦通融一下，但袁世敦丝毫也不通融。

袁世凯大怒，居然带着一帮军人过来，要强行给母亲从正门出殡，这么一来他把全家人都给得罪了。家人不同意他的母亲葬在祖坟里，固执的袁世凯买了一块坟地，单独安葬母亲。

从此之后，袁世凯就与家人互不往来。

袁世凯这次回河南，选择在彰德府北门外的洹上村落脚。彰德就是现在的安阳，洹上村是安阳的一个风景不错的村庄，村口有一条小河，人称洹水。



## 寄情山水，韬光养晦

一般来说，旧时官场失意的都会选择寄情山水，自古以来大家都是这么干的。其实这不光是失意后的一种排遣，更是一种韬光养晦的做法，官场起起落落，总有东山再起的一天。

洹上村风景宜人，天津有个大款在这里买了个别墅，这个别墅占地两百多亩，里面林荫葱翠，鸟语花香。袁世凯一看，这倒是个好地方，便高价买下了这个别墅。袁世凯开口要买房子，这个商人就是不想卖也不行了。

袁世凯买下这个房子后，开始进行改装，他差点把这个庄园弄成碉堡；当地的地方官知道袁世凯是个大人物，所以特地派来了一支兵马保护袁世凯。

之后，袁世凯便过着看似不问世事的生活。

袁世凯的别墅前有一个小池塘，里面长满了荷花，到了夏天，接天莲叶无穷碧，映日荷花别样红，看起来美极了。袁世凯还在院子里开辟了一个花园，里面种着各种奇花异草，他为这个花园取名为“养寿园”，还将花园里的楼阁题名为“养寿堂”，主楼旁边的侧楼题名为“谦益堂”。

养寿堂和谦益堂的名字可是大有来历。“养寿”和“谦益”是慈禧赐给袁世凯的两个词语，算是对袁世凯的规劝和忠告。慈禧是一个非常老辣的女人，一下子就指出了袁世凯的缺点，并建议他适时注意和改正。袁世凯家族里的男人很少有活过六十岁的，慈禧给他“养寿”二字就是建议他多注意养生，别太汲汲于权力；“谦益”是建议袁世凯不要居功自傲咄咄逼人，要学会低调做人淡定为官。

袁世凯用慈禧给自己的赐字命名两个楼，用意非常清楚，他相信自己一定能东山再起，现在正是韬光养晦的时候。

隐居的这段日子里，袁世凯用了很大的心思反思自己在官场上的失败之处，他觉得最主要的原因是自己不够低调不够谦虚，而且修养不够，过于锋芒毕露，过于迷恋权力，所以才招致众人的嫉恨，做官最关键的是知进退。

闲云野鹤的日子倒也惬意，袁世凯经常到洹水去钓鱼，还自诩为陶渊明的弟子。

但袁世凯天生是一个政治动物，他是不可能放得下政治的，闲暇之余，他写下了一些诗，这些诗最能反映他的心态，譬如《忆庚子旧事》：





八方烽举古来无，稚子操刀建远谟。
惭对齐疆披枳棘，还临燕水补桑榆。
奔鲸风起惊魂梦，归马云屯感画图。
海不扬波天地肃，共瞻日月耀康衢。

这首诗名为怀旧，其实反映的还是他念念不忘政治和权力的心理。另一首诗就更直接地表达了他对于壮志未酬的遗憾：

百年心事总悠悠，壮士当时苦未酬。
野老胸中负兵甲，钓翁眼底小王侯。

思量天下无磐石，叹息神州变缺瓯。

散发天涯从此去，烟蓑雨笠一渔舟。





为了让清朝廷相信自己归隐，袁世凯还让人把自己在船上钓鱼的样子拍下来，照片中，袁世凯披着蓑衣，手持钓竿，一副醉心于山水的样子。袁世凯将照片印了几百张，分发给亲朋好友，还让人把自己的诗歌连同照片发表在报刊上。照片和诗一登报刊，立即引起了很大的反响。

袁世凯很希望载沣能注意到自己，重新起用自己，袁世凯实在有些闲得无聊了。载沣正处于焦头烂额的关头，不到万不得已他是不会起用袁世凯的。

令载沣最痛苦的是，大清国在他手中并没有好转，反而一天不如一天。国家最大的一个问题是财政拮据。载沣不懂经济，没钱只知道向洋人借钱。只可惜载沣跟洋人没有交情，载沣开口，洋人并不借。到了这地步，载沣只好向老百姓伸手要钱了。乱世中，老百姓本来就很苦，你再向他们伸手要钱，他们只好造反了。

载沣不用袁世凯，袁世凯就只好继续养老了。虽然袁世凯在家里休养，但是他生日的时候，老部下们纷纷过来拜访他，这些人主要是北洋集团的人物，有张勋、段祺瑞、王英楷、刘冠雄等人。由此可见，袁世凯虽然退休，但是实力仍在。

部下过来拜寿，袁世凯是喜忧参半，一来高兴这些人还没忘记自己，二来担心部下如此举动会引起清廷的猜忌。这时候大清的国运已经快消耗殆尽了，所以袁世凯的这些部下才敢明目张胆地过来拜见他。

这一切是不是预示着袁世凯很快就要复出呢？

# 第十一章　扶不起的大清国

镇压命令虽然是由载沣下达的，但载沣委实是一个软弱的人，看到大清帝国风雨飘摇，他经常吓得一个人偷偷哭泣。汪精卫行刺他后，他有时吓得连家都不敢回。

## 改革也不管用

让家天下的封建皇权实行宪政改革是非常困难的，如果没有外敌的入侵，清廷可能永远都不会想到要进行改革。

载沣掌权后，本来是不打算进行改革的，但是来自国内外的压力非常大，他不得不有所作为。

宣统登基第二天，载沣宣布预备立宪按原计划执行。各省的督抚担心载沣只不过是做做姿态，联名上书，要求清廷立即召开国会讨论，但遭到载沣的拒绝。

与此同时，全国各地的反清活动也日益高涨，各地不断出现暴乱和攻打衙门的事件。对此，载沣也没有什么良策，无非就是镇压。

预备立宪开始后，也进行了一些改革，首先是官制改革。官制改革主要是模仿英国的君主立宪制，建立内阁，并设立总理大臣一名，左右副大臣两名，各部尚书均为内阁政务大臣。官制改革大体是模仿三权分立制度，废除了清朝的三法司制度，也就是说废掉了都察院、大理寺和刑部，改而建立一套完整的司法系统。除了在清政府中央，在地方上也进行了一些官制改革，这些改革虽然都很好听，但并没有收到实质性的效果。

在官制改革中，设立了资政院，资政院是一个临时性的机构，相当于国会的前身。资政院的主要事务是做好国家预算、制定国家政策、负责税收和公债等事务、制定和修改法典（但不能制定宪法）等。

如果说资政院相当于西方国家的上议院的话，那么谘议局就相当于下议院。谘议局的议员由各省督抚推荐和考核，部分地反映了民意。但这些改革其实根本还是换汤不换药，真正的权力还是操纵在皇室和督抚手中。

地方自治在戊戌变法时就已经开始了，当时湖南就实行地方自治，张之洞把湖南经营得非常好，为全国做了一个表率。

谘议局成立后，实业家张謇带头发动了大规模的国会请愿活动，张謇请求在宣统三年召集国会，同时请求设置责任内阁。提议遭到了清政府的拒绝，清廷坚持预备立宪九年后才召开国会。虽然请愿活动给清廷造成了很大的压力，但仍然没有达到预想的效果。

## 对日本低头

慈禧治国策略就是宁可让国家断送在外敌手中，也不要让国家落入“奴才”的手中。那意思很明显：严防家贼，对外国人要好一点。

甲午战争之后，日本的扩张欲望空前高涨。日俄战争后，日本又夺取了朝鲜，随后，它的目光紧紧盯着中国的东北和蒙古。1906 年，日本成立了“南满洲铁道株式会社”和关东都督府。这两个机构的成立就是为侵略东北做军事准备，借公司之名实行武备之实。

日本对东北的侵略首先是从修铁路和开矿开始的。宣统元年（1909 年）正月初十，日本向清廷提出了安奉铁路问题，要求清廷允许日本人在丹东和沈阳之间修铁路。日本还想把这条铁路和朝鲜境内的汉城（现为首尔）连接起来，计划在鸭绿江上架铁桥，以便对东北进行军事侵略和资源掠夺。

日本方面还要求将铁路改为宽轨，并改变之前的路线，以便多占有一些土地，还声明要派兵保护铁路。清廷让东三省总督锡良与日本人交涉。锡良尽全力维护中国的主权，不对日本人妥协。日本见锡良不妥协，居然公开对清廷发表照会，表示日本将自行执行，不管清廷的态度。

清政府还没有同意，日本人已经开工了。清政府懦弱无能，不敢阻止日本人。日本就这样霸王硬上弓，根据自己的规划开始修建铁路。看到清廷如此软弱，日本的要求不断升级。

抚顺煤矿本来是中国商人在经营，中国商人曾向俄国人借款，日本借口这个煤矿是俄国人的产业，日俄战争之后，霸占了抚顺和烟台两处煤矿。清廷让日本归还，日本人却说这是俄国人的产业，拒不归还。后来，经过艰难的交涉，日本表示愿意向中国缴纳一定的税收。

日本在中国东北的扩张行为一发不可收拾，给清廷造成了巨大压力，清廷虽然想遏制日本，无奈力量不够。

清廷想通过美国来遏制日本，要知道在日俄战争中，美国给予了日本经济上的援助。美国并不是好心要帮助日本，而是比较看好日本，愿意在日本身上投资。美国想等日本击败俄国后，与日本分享东北的利益。没想到日本击败俄国后，居然想独占在东北的利益。美国无奈，只好放弃对日本的幻想，打算直接从清政府的手中取得铁路的修筑权。当时奉天巡抚唐绍仪跟美国领事司代德接洽，想让他们尽快修筑新法铁路。日本得知此事后，悍然进行阻止。

1908 年，美国国会通过了一个法案，准备将庚子赔款美国所得的一部分退还给中国，在中国兴办文化和教育。清廷得知此事后，任命唐绍仪为专属大臣，前往美国致谢。日本得知唐绍仪出使美国后，很担心中美联手，于是采取一种积极的姿态建议美国就远东问题进行谈判。

美国也不愿跟日本闹僵，接受了日本的建议；唐绍仪到达华盛顿的时候，美日两国已经签订了协议。在协议中，两国均表示允许太平洋地区维持现状。这等于是表示美国默认日本在东北的所作所为。唐绍仪原本还想“以夷制夷”，结果此次访美只搞定了庚子赔款的事情，其他事情都没有做成。

1910年4月25日，英美法德四国银行团代表来到中国。司代德是美国银行团的代表，这次来主要是讨论在东北和湖广修筑铁路的事。清廷很乐意美国在东北修铁路，遏制日本的势力。司代德信心十足地说，可以排除日俄的干涉。8月19日，双方签订了《锦瑷铁路借款草合同》。在这个合同中，清廷急于用美国来牵制日俄，所以给予了美国非常大的优惠。

后来清廷看到，根据合同中国的利益损失惨重，因此决定不予批准。美国没有料到清廷会推翻原议，美国国务卿诺克斯一时之间找不到出口，居然提出让日本和俄国交出在满洲的铁路，由其他国家组织共同接管，这就是所谓的“满洲铁路中立化”方案。

日俄对这个中立化的方案不屑一顾，他们照会美国和清政府，美国在东北所做的一切必须先经过日本的同意，日本有权控制修铁路过程中的一切。由于日俄从中阻挠，美国的计划无法实现。

自己实力不强，想靠以夷制夷来牵制日俄这些虎狼，从根本上来说是不可能的。

## 血腥镇压革命

载沣摄政时，官僚机构已经非常臃肿，人浮于事。宣统刚即位时，安庆就爆发了革命党人起义。1908 年 3 月 28 日，黄兴在钦州发动起义。此后，全国各地风起云涌。

除起义之外，革命党人还积极组织暗杀行动，最著名的莫过于汪精卫刺杀摄政王载沣。令人称奇的是载沣并没有杀掉汪精卫，倒不是载沣厚道，而是汪精卫朝中有人。

镇压命令虽然是由载沣下达的，但载沣委实是一个软弱的人，看到大清帝国风雨飘摇，他经常吓得一个人偷偷哭泣。汪精卫行刺他后，他有时吓得连家都不敢回。

革命发生后，清廷展开了血腥镇压。熊成基率领马炮营在安庆起义后，带着一千人围攻安徽巡抚朱家宝。朱家宝死守城池，同时命令长江上舰艇袭击起义军大营；起义军很快就支持不住，往合肥撤退。两江总督端方命令清军毫不留情地追剿，起义军作鸟兽散。

当然，清廷最担心的还是孙中山领导的同盟会，清廷要求沿海督抚要严防同盟会成员回国。

宣统元年（1909 年），湖南发生水灾，当地官绅乘机囤积粮食，抬高物价，民不聊生，许多老百姓饿死。民情沸腾，接下来可能就是暴乱了。第二年三月，长沙人民开始抢粮食。官府派兵来镇压，老百姓不服，几万人围住巡抚衙门。湖南巡抚下令开枪，打死了几十人。群情更加汹涌，连外国人都出来协助清军镇压，最后抓了几百人。

1910 年春节期间，广东新军与警察发生了冲突。新军大多是一些有革命思想的人，革命党人倪映典乘机在新军中发动起义，一千多人加入起义阵营。清廷派水师提督李准前来镇压，当场击杀上百名新军，生擒几十个头目。

这一年山东莱阳的几千饥民在曲诗文的领导下举行起义，围攻莱阳城。山东巡抚孙宝琦立即派兵镇压，血洗起义各村，屠杀上千乡民。

起义活动中影响最大的莫过于黄花岗起义。1911 年 4 月 27 日，同盟会在广州举行起义，清廷命令两广总督张鸣岐和水师提督一同镇压；革命之火被扑灭后，八十六个革命党人遇难。

战火已经在中华大地上燃烧起来，起义之火虽然一再被扑灭，但神州的上空正酝酿着一场更大的风暴。

# 第十二章 清朝的覆亡

武昌起义爆发，全国震惊。住在洹上村的袁世凯自然也听说了。清廷大多数官员听到武昌革命的消息既感到震撼又感到害怕，唯独袁世凯脸上浮上一丝微笑，他明白自己出山的机会到了。

## 一场意外引发辛亥革命

镇压黄花岗起义后，清廷宣布了铁路国有政策，等于是国家垄断经营铁路。这激起了大量资本家的反对，资本家联合人民发动了大规模的保路运动，各省还派遣代表进京，抗议朝廷的政策，要求清廷赶快组织内阁。

清廷面对国内的压力，不得不做出一些妥协的姿态，撤销了军机处，成立责任内阁，由奕劻担任内阁总理。

这个结果出来以后，全国人民都不满意，纷纷说新成立的内阁不过是皇家内阁，这倒是一点都没错，内阁大臣基本上都是满洲贵胄。

清廷这么做让很多人放弃了最后的希望，他们认为要让清政府改革是不可能的，唯一的办法就是推翻清廷，建立民主共和国。

眼看着革命的风暴就要席卷全国，载沣急得焦头烂额。这时，奕劻把眼光投向了在洹水边钓鱼的袁世凯。

清廷让袁世凯的老师张謇先去探探袁世凯的意思。张謇找到袁世凯后，两人聊了很多无关紧要的事情，最后张謇说到正题："你出山的时候到了。"袁世凯狡猾地说："如果蒙皇上不弃的话，我当然应该万死不辞为国家效劳。"

奕劻等人看到机会来了，经常恳求载沣起用袁世凯，说现在如果不用袁世凯大清就要亡国了，就连载沣的亲弟弟也认为现在非袁世凯不能收拾局面。

可是载沣对袁世凯非常忌惮，始终不能下定决心让袁世凯复出。

在武昌起义爆发前，武汉有两个反清的社团，一个叫文学社，一个叫共进会。这两个社团多多少少跟同盟会有些联系，它们的共同点是推翻清朝，建立民国。文学社和共进会都是由热血青年组成的，他们身上涌动着一股热血，他们想推翻清王朝，但明显实力不够，所以他们计划策反新军。

文学社和共进会原本计划在辛亥年的年中举行起义，但筹划不是很周全，于是想邀请同盟会几个元老做带头大哥，他们希望黄兴和宋教仁等人能挑这个头。但是，同盟会这些人没有如期来武汉，文学社和共进会的人决定推迟起义时间。

然而，一场意外却让这场革命提前爆发。

1911 年 10 月 8 日下午，共进会的头目孙武正在汉口的俄租界里试验炸弹，孙武原本是想用炸弹打出革命第一声炮响。没想到试验过程中出现了意外，炮弹居然自爆了。炮弹爆炸后，孙武也受伤了，不过伤得不是很严重。

炮弹爆炸后，惊动了俄国人，俄国人立即派兵把孙武的住处包围，逮捕了一些共进会的人。文学社那边听说共进会的兄弟被抓了，非常着急。文学社的首领蒋翊武在 11 月 9 日晚上召开会议，宣布连夜起事。

就在文学社宣布起事后不久，有人密告官府，清官府连夜过来抓人，抓住了文学社的三个领导人彭楚藩、杨宏胜和刘复基。蒋翊武身手非常敏捷，居然翻墙逃走。

彭楚藩、杨宏胜、刘复基三人被抓走后，很快就被处死。

本来，眼看着革命之火将被扑灭，怎么反而会提前爆发呢？

事情是这样的，文学社和共进会在做了周密的策反工作之后，很多新军士兵已经秘密加入他们的社团。当时，湖广总督瑞瀓对新军极不信任，上任之后肆意打压新军。结果新军人心涣散，许多人从心理上已经倒向了革命党人。

10月10日晚上，新军工程第八营副班长金兆龙和士兵程定国正在擦枪，工程营后队第二排排长陶启胜看到他们擦枪，起了疑心，问道："都晚上了，又没有什么任务，你们擦枪干吗？是不是想造反？"

金兆龙和程定国早已加入了共进会，是革命党人，听陶启胜这么说，金兆龙还以为事情已经败露，心想只能豁出去了，干脆说道："造反又怎样？"

说完，程定国端起枪，崩掉陶启胜。

程定国这一枪打响了武昌起义的首义精神，许多新军高喊"起义"，金兆龙振臂一呼，潜伏在清军的革命党人纷纷拿起枪杆子。由于起义军群龙无首，大家便推举新军中官职最高的吴兆麟担任革命总指挥。

起义事发突然，又气势汹涌，许多清军吓破了胆，以为武昌一夜之间已经被革命党人控制。第二天早上，起义军就攻下了总督衙门，随后接连拿下武汉三镇，武汉彻底成为革命党人的天下。

## 袁世凯出马

武昌起义爆发，全国震惊。住在洹上村的袁世凯自然也听说了。清廷大多数官员听到武昌革命的消息既感到震撼又感到害怕，唯独袁世凯脸上浮出一丝微笑，他明白自己出山的机会到了。

刚开始的时候，清廷的很多官员还以为造反的不过是一小撮乌合之众，只要随便派个人去镇压，这些造反的人就会一哄而散。有很多人请教袁世凯当时的时局，袁世凯笑着说："瑞澂和张彪不过是两个外强中干的人物，指望他们平定叛乱不可能。摄政王载沣更是眼高手低，根本不可能稳住局面。这些革命党人绝非一些乌合之众，要拿下他们绝不是那么容易的。"

有人建议说："眼下这种形势，非袁公出山不可了。"

袁世凯听了，笑了，但是他很清楚，现在是非常时期，绝对不可以轻举妄动，非常时期更要镇定。

武昌起义爆发后，袁世凯就在家里等，他知道肯定会有人来找自己。清军中最有战斗力的就是北洋军，但北洋军除了袁世凯谁也指挥不了。

果然，这次朝野上下一片呼声，请求让袁世凯出山，载沣犹豫不决。他对袁世凯可谓反感到极点，害怕到极点。徐世昌磨破嘴皮子请求载沣让袁世凯出山，但载沣无动于衷。连满人军机大臣那桐都请求载沣让袁世凯出马。那桐是满人，对袁世凯没有好感，但他也认为现在除了袁世凯，无人能挽狂澜于既倒。

那桐对载沣说："我敢以身家性命担保，现在如果不起用袁世凯的话，我大清只怕有亡国的危险。"

载沣气得浑身发抖，骂道："连你也替袁世凯说话。"

那桐说："臣不是替袁世凯说话，是替大清着想。"

载沣虽然愤怒，却又不能不承认他说得有道理。

载沣认真想了想，几天后召见奕劻和那桐，纠结地说："如果真的起用袁世凯，你们敢保证他没有异心吗？"

奕劻拍着胸脯说："我敢以身家性命担保，袁世凯这个人绝对没有异心。"

听叔叔这样说，载沣也只好起用袁世凯。听说载沣要用袁世凯，恭亲王溥伟急了，他找到载沣说：“皇叔，你用袁世凯，这是引狼入室啊！”

载沣痛苦地说：“只能走一步算一步了，我何尝不知道袁世凯是匹狼，但前狼后虎，袁世凯好歹名义上算是我们大清国的奴才，他虽然危险，毕竟比革命党人要好些。”

溥伟一听，也只能承认，说：“就算要用他，至少要找一个人牵制他啊！”

载沣问：“找谁呢？”

溥伟急了：“皇叔你是摄政王，难道身边就没有一个可靠的人吗？”

载沣满眼凄凉，他摄政三年，身边竟然没有一个可以相信的人，叹道：“朝中全是支持袁世凯的人，我一个心腹都没有。”

载沣一语道破了这三年来的辛酸，原来他摄政三年，手中并无实权，不过是一个被朝臣架空的摄政王。

就在袁世凯在洹水装模作样钓鱼的时候，朝廷的谕旨送到洹水边，让他担任湖广总督，全权负责剿匪事宜。

没想到袁世凯忽然摆起谱来，给朝廷回了一封信：“微臣在家养病时，听到爆发了武昌起义，对此微臣非常痛心。朝廷让微臣去镇压乱党，微臣理应义不容辞。只可惜脚病还没好，连生活都不能自理，只怕是心有余而力不足了。什么时候等微臣脚病好了，再为朝廷效力吧！”

袁世凯也不是故意要跟清廷为难，只是他嫌载沣开出的价码太低，一个湖广总督就打发自己，他实在接受不了。

袁世凯既然不出马，朝廷只好派其他人。载沣选择了满人荫昌。荫昌在德国留学，主攻陆军，后来又在德国军队里做了实习生，还跟德皇威廉二世在一个队里。载沣正是看到荫昌的高学历才选择了他，但荫昌并不自信，他深知自己没有实战经验，所以在赴任之前特来洹上村请教袁世凯用兵之道。

袁世凯听说荫昌来求见自己，躺在床上称病不见。荫昌坚持要见到袁世凯，看袁世凯不见自己，直接闯进袁世凯的房里。荫昌进去后，立即向袁世凯请罪，并请教他剿匪的问题。袁世凯本来不想见他，但袁世凯欣赏做事认真执着的人，便决定跟荫昌聊一会儿。

荫昌的境界还处在纸上谈兵的层次上，他说：“武昌的叛军不过一群乌合之众，又没有一个像样的领头。我相信，这场叛乱很快就会被扑灭的。”

其实，荫昌说这话是没有底气的，不过是想看袁世凯如何回答，从袁世凯的回答中套出一些战略。袁世凯完全明白荫昌的用意，他假装糊涂，说自己这些年不问世事，信息不通，不敢对国家大事妄发议论。说实话，袁世凯很担心叛军被扑灭，叛乱一扑灭，朝廷就用不着他了，他更不可能开出更高的价码。

袁世凯想了想，又说："听说武昌的叛军中有一个叫黎元洪的，这个人资历很老，如果叛军推举他的话，就难办了。"

荫昌走后，袁世凯急了，他担心荫昌真的平定了叛乱，那自己就永无出头之日了。袁世凯遂给内阁发了一封电报，声言自己虽然有病在身，但是既然国家有难，还是应该为国分忧，希望清廷让自己出马，并拨款四百万两银子作为军费。

过了几天，袁世凯又让清廷准许自己的老部队配合自己作战，说白了袁世凯正在想尽办法收拢自己的势力。

载沣完全处于被袁世凯要挟的状态，袁世凯提出的条件他也只好答应。

武昌起义之后，起义军成立了武昌军政府。荫昌平叛不力，起义反而愈演愈烈。不出袁世凯所料，湖北军政府果然推举黎元洪任都督。其实，黎元洪并不敢挑这个头，他是被人用枪指着当上都督的。起义军之所以看上黎元洪是因为他的资历相当老，黎元洪是湖北黄陂人，毕业于北洋水师学堂，甲午战争时他是一个大副，后来加入张之洞的自强军，当上了旅长。

黎元洪并没有革命思想，他一直是清廷的一个军人，只是士兵们比较爱戴他。武昌起义爆发后，黎元洪不敢卷入是非，吓得藏起来；后来被士兵们找出来，要推举他当总指挥。黎元洪说什么也不愿意，革命党人一怒之下用枪指着他："你不挑这个头，只好让你先为清朝陪葬了。"

没办法，黎元洪只好硬着头皮当上了这个都督，由于他非常怕事，士兵们给他起了个外号：泥菩萨。

武昌起义成功后没多久，革命在全国范围内发展起来了，各省纷纷宣布独立。

眼看着大清即将垮台，袁世凯并没有急着出力，他选择了冷眼旁观，让北洋军不要轻易出击，原地待命。袁世凯要干吗？他在等待载沣对自己让步。载沣很快明白了这层道理，召回荫昌，任命袁世凯为钦差大臣，节制海陆军，并节制各省督抚。这样一来，袁世凯又是大权在握。

10月27日，陆军第二十镇的统制张绍曾等人拥兵给清廷施压，要求清廷成立国会、制定宪法，组织责任内阁，还提出皇族成员永远不能担任内阁大臣和国务大臣等职，同时要求释放所有政治犯人。

张绍曾不仅在口头上进行要求，还扣留了清军运往湖北的军火，并致电黎元洪，表示自己不会与他开战的。没过多久，山西宣布独立，阎锡山出任都督；接着，云南宣布独立，蔡锷出任都督；南昌新军起义，江西全省宣布独立。

各省都在宣布独立，而且张绍曾已经有倒戈的迹象，随时可能杀进北京。朝中一片慌乱，隆裕太后和载沣已经做好了逃亡的准备。

眼看大清江山要丢，这时候载沣已经顾不上其他了，先保住江山再说，他立刻出台了四项政策：同意立宪；立即起草宪法；解散皇室内阁，成立责任内阁；释放所有政治犯人。

11 月 1 日，载沣任命袁世凯为内阁总理大臣，没想到袁世凯竟然推辞了。袁世凯推辞的理由很简单，袁世凯说根据宪法精神，你载沣没有权力任命我为内阁总理大臣，必须经过国会选举，我才是合法的内阁总理大臣。载沣虽然气坏了，但也只能按照袁世凯说的办。

11 月 8 日，国会召开，袁世凯正式当选为内阁总理大臣。此时，国家的军政大权基本上操纵在袁世凯手上。袁世凯率领军队进入北京后，对载沣说，既然实行宪制，你这个摄政王也就是多余的，回家好好休息吧！

载沣就这样回家了，不过他并没有失落，反而感到有些庆幸，总算把这个烂摊子交给别人了。回家后，载沣满脸高兴地对老婆说："从今天起，每天都可以开开心心地在家里逗孩子玩了。"载沣天生就不是一个政治人物，居家的日子对他来说确实是幸福的，袁世凯还算厚道，每年给他一笔丰厚的津贴。

至此，大清国皇权基本只剩下空架子，真正的实权掌握在袁世凯和革命党人手中。

## 游走在皇权和革命党人中间

袁世凯任命冯国璋为第一军总统，调江北提督段祺瑞为第二军总统，随时待命。袁世凯虽然将军政大权操于自己的手中，但清廷还在那儿，兔死狗烹的经验对他来说是非常深刻的。他知道，一旦把革命军剿灭，自己迟早要落得兔死狗烹的下场。与其如此，倒不如先留着革命军，为自己牟取更大的利益。

1911 年 11 月 1 日，袁世凯的军队攻下汉口，接下来袁世凯并没有继续进攻。他是想通过军事的力量逼迫革命党人就范，让清廷和革命党人的命运都操纵在自己的手中。

组织责任内阁后不久，袁世凯就以出征为由，将禁卫军的军权夺取。袁世凯夺权的方式特别巧妙，禁卫军是清廷投资最多的军队，装备最好，可惜指挥人才不行，指挥者是载涛。袁世凯故意让载涛去平叛，载涛从来没有打过仗，自然怕得不行，求袁世凯网开一面。

袁世凯说，既然你怕打仗，那就把兵权交给我吧！

袁世凯确实是一个有手腕的人，他的目的很明确，就是卖掉大清江山，然后自己出任中华民国的大总统。他也知道革命党人不会轻易让他当这个大总统，所以他必须留着清廷，逼迫革命党人让步。革命党人如果承诺同意他当总统的话，他就可以逼清帝退位。

袁世凯并不是一个民主主义者，他是一个政治强人。其时，中国处于非常混乱的状态，在这样的非常时期，大家还是希望出现强人收拾局面的。可以说，袁世凯在当时立宪派支持他，因为他们相信袁世凯会照顾资产阶级利益；老百姓也支持他，老百姓希望出现一个政治强人，让大家过上安稳的日子；西方列强也支持袁世凯，他们觉得袁世凯如果统治中国，他们在华的利益就能得到深化；就连革命党人也有相当一部分支持袁世凯，大家都知道，袁世凯屡次受清廷打压，跟清廷的矛盾很深，也是最有可能亡掉清朝的人。

袁世凯是一个左右逢源的人，他在清廷面前说："我袁世凯是大清的总理大臣，不可能赞成共和的。因为这样一来，天下人会耻笑我，说我连孤儿寡母都保护不了，我还是很在乎名誉的，所以出卖大清的事我是不会干的。”

开始时，袁世凯给黎元洪写了一封信：“只要你承认君主立宪，咱们一切都好谈，可以立即停止交火。”

只可惜，当时全国都是革命的呼声，袁世凯所谓的君主立宪制早已湮没在这片洪流中。袁世凯一向擅长政治投机，这种人的政治嗅觉一般都是很强的，在潮流还没到来之前，他就能闻到未来的发展趋势，从而及早做出应变。

袁世凯忽然摇身一变，居然当着众人的面说：“我是一个思想开明的人，绝对不会为难革命党人的。”

这话说得模棱两可，让人猜不透，就连袁世凯的属下冯国璋都领悟不了袁世凯的意思。冯国璋没有揣摩透上面的意思，依然跟革命党人交火。袁世凯生气了，把冯国璋召回，让段祺瑞接替他。段祺瑞到了武昌后，立即跟革命党人握手言和，双方就像朋友一样，进行了亲切的会面和交谈。

随后，袁世凯又派唐绍仪到上海与革命党人谈判。唐绍仪开出的条件是君主立宪制，革命党人不同意，但表示：“如果袁世凯赞成共和制的话，我们一定推举他当选中华民国第一任大总统。”

袁世凯得知革命党人的意思后，并没有急于表态。他之所以如此淡定就是因为自己手握重兵。只是他事先放话自己支持君主立宪制，如果共和的话，必然有人指指点点。

政治权衡的首先是利益。袁世凯决定向革命党人示好，释放了汪精卫，还让自己的长子袁克定和汪精卫结拜为兄弟。

让袁世凯没有料到的是，1911 年 12 月 25 日，同盟会的领导人孙中山忽然回国，这对当时的新闻界来说绝对是一个重磅炸弹，对政坛的冲击就更大了。袁世凯本来是稳操胜券，孙中山回国多了很多不确定的因素。

孙中山登上上海滩的时候，在记者的采访下，说了这样一番话："我这次回国，身无分文，带回来的只有革命精神。如果革命的目的没有达到，我们革命党人绝不议和。"

孙中山是在向袁世凯放话，不推翻清王朝就没得谈。孙中山回来后，住在了南京，南京顿时成为革命圣地。

可以说这时候袁世凯才感觉到自己的地位受到了威胁，为什么这么说呢？在清廷中，已经没有人能威胁到袁世凯的地位了，如果要建立民国的话，那么总统必定要选举啊！孙中山在国内的人气是非常高的，虽然说袁世凯位高权重，但是一旦走民主路线，他有可能不是孙中山的对手，这是袁世凯最为担心的。

在很多中国人眼里，孙中山是革命的先行者，他显然比袁世凯更符合时代思潮的发展方向。

孙中山做事也是非常讲究效率的，25日回来，29日就举行临时总统选举仪式，当时共有十七个省参加，候选人有孙中山、黄兴、黎元洪三位。在十七票中，孙中山以十六票当选为民国临时大总统。

这一切可以说完全出乎袁世凯的意料，袁世凯老成谋国，没想到孙中山的出现彻底打乱了他的整个部署和计划。袁世凯自然很愤怒，他立即让段祺瑞和冯国璋发出通告：誓死维护君主立宪，坚决反对共和。袁世凯是在向孙中山发出威胁信号，你要再这么搞，就开打了。

发出通告的第二天，袁世凯就跑到隆裕太后那里，装模作样可怜兮兮地自责，说自己担任内阁总理大臣以来，有很多事情没有处理好，太后你不要介意啊，如果可以的话我愿意引咎辞职。

隆裕太后也不是傻子，她最不相信的人就是袁世凯，看袁世凯如此装模作样，她知道一定是话里有话。隆裕好言安慰袁世凯，袁世凯这才说道："南方的革命党人居然敢公然组织临时政府与朝廷对抗，他们胆子实在是太大了，一定要毫不留情地剿灭，希望朝廷能够拨款，让我灭了这些乱党。"

隆裕太后一向怕袁世凯，只好从国库中拿出八万两黄金给袁世凯。岑春煊听说袁世凯两面敲诈，准备镇压革命党人，便站出来骂袁世凯为了个人权力居然不惜破坏共和，袁世凯假装没听到。袁世凯确实是一个独裁式人物，他并不是真的信仰民主和共和，民主和共和不过是他攫取权力的一个幌子。



就在大家以为袁世凯会对革命军动武的时候，忽然京城里传来消息说袁世凯劝告清帝退位，接着京城里的驻外大使联名发出通电，建议清帝退位，以安抚愤怒的、沸腾的民意。明眼人一眼就看出来，一定是袁世凯在后面捣鬼。大家不懂的是，为什么袁世凯前几天还准备对革命党人动武，现在又逼迫清帝退位，如此喜怒无常，到底背后有什么把戏？

## 袁世凯逼退清廷

其实，袁世凯并不是真的要动武，他发出的那个通电是想告诉孙中山：识时务者为俊杰。孙中山是个聪明人，怎么会不明白袁世凯的意思呢？孙中山虽然当上了临时大总统，但他很清楚自己不是袁世凯的对手，用临时大总统的身份可以增加筹码，逼迫袁世凯让清廷退位。

说实话，袁世凯是不相信共和的。1912年1月2日，袁世凯公开发表声明：不承认南京临时政府。此外，袁世凯还说：共和只会导致国家的分裂和灭亡。

当然，关于中国究竟是适合共和还是专制从晚清以来就争论不休。比如，当时的《泰晤士报》认为中国这样一个幅员辽阔人口庞大的国家，有着非常深厚的君主专制传统，如果突然用共和制取代专制，恐怕会欲速则不达。日本人也认为中国不适合实行共和制，现在突然全国人都吵着要共和，其实连共和是什么东西，他们都不知道。

这些观点都是有道理的，罗马不是一天建成的，民主共和也不是一天可以建成的。

我们再来看看孙中山的临时政府。临时政府虽然成立了，可惜效益不好，发不出工资。没有钱，公司都没法运作，更不用说一个政府了。

孙中山试过用各种方式筹措经费，可惜没效果。他想发行公债，可惜没人认；他想收税，但各省各自为政，扣留税收。临时政府很穷，有一次，前线革命军粮食告急，发电请求拨款。孙中山大笔一挥，拨二十万两银圆救急。秘书胡汉民去国库里取钱时，发现只剩下十个银圆。

孙中山的国民政府可以说一穷二白，但是袁世凯的内阁也不是很阔气，这段时间袁世凯借了大量的外债。这时候，袁世凯已经不再把自己看成大清的代理人，而是中国的实际掌舵人。

袁世凯从支持君主立宪制走向支持共和并不奇怪，当时的立宪派也主张共和，袁世凯的老师张謇就是其中之一。袁世凯也并非对君主立宪制有什么好感，他只不过是在乎自己的名声而已，怕后人说他篡夺了孤儿寡母的江山。所以，袁世凯最后逼迫清帝退位也表现出一种非常痛苦、非常无奈的姿态。

袁世凯把条件都告诉了隆裕太后：名号不变，中华民国对待清帝就像对待外国元首一样；退位后，清帝能拿到四百万元的年薪；除了太监外，其他人员可以继续留用；王公贵族的待遇和爵位保持原样。

隆裕太后当场哭得昏死。袁世凯努力表现出很伤心，安慰隆裕太后："太后，想开点，自古就没有不亡的国家，古代的那些亡国之君可比你们惨多了。就说明朝吧，崇祯砍死家人，自己在煤山上吊。再看看我们大清，皇帝虽然退位，但尊号还能保全，每年还能拿到那么高的年薪，这可是历朝历代没有的，太后，你就知足吧！"

逼退清廷后，袁世凯让段祺瑞给南京临时政府发出一封电报：共和是这个世界上最好的制度，中国能有今天，同盟会诸公功不可没，现在大清皇帝退位了，从此我们要好好经营共和制，保证君主政体永远不再出现在中国的土地上。

当天晚上，袁世凯剪去辫子。

# 清朝皇帝列表

（清建国于1616年，初称后金，1636年始改国号为清，1644年入关。）

| 姓名 | 庙号 | 年号 | 年份 | 陵墓 |
|---|---|---|---|---|
| 爱新觉罗·努尔哈赤 | 太祖 | 天命 | 1616 | 福陵 |
| 爱新觉罗·皇太极 | 太宗 | 天聪　崇德 | 1627　1636 | 昭陵 |
| 爱新觉罗·福临 | 世祖 | 顺治 | 1644 | 孝陵 |
| 爱新觉罗·玄烨 | 圣祖 | 康熙 | 1662 | 景陵 |
| 爱新觉罗·胤禛 | 世宗 | 雍正 | 1723 | 泰陵 |
| 爱新觉罗·弘历 | 高宗 | 乾隆 | 1736 | 裕陵 |
| 爱新觉罗·颙琰 | 仁宗 | 嘉庆 | 1796 | 昌陵 |
| 爱新觉罗·旻宁 | 宣宗 | 道光 | 1821 | 慕陵 |
| 爱新觉罗·奕詝 | 文宗 | 咸丰 | 1851 | 定陵 |
| 爱新觉罗·载淳 | 穆宗 | 同治 | 1862 | 惠陵 |
| 爱新觉罗·载湉 | 德宗 | 光绪 | 1875 | 崇陵 |
| 爱新觉罗·溥仪 | | 宣统 | 1909 | 华龙陵园 |

**图书在版编目(CIP)数据**

这才是清朝. 8，西后垂帘 / 鹿鼎公子著. —2版. —北京：中国法制出版社，2023.6（2025.12重印）

ISBN 978-7-5216-2903-3

Ⅰ. ①这…　Ⅱ. ①鹿…　Ⅲ. ①中国历史－清代－通俗读物　Ⅳ. ①K249.09

中国版本图书馆CIP数据核字（2022）第173572号

策划编辑：胡　艺（ngaihu@gmail.com）
责任编辑：马春芳　　封面设计：汪要军

**这才是清朝. 8，西后垂帘**
ZHE CAI SHI QINGCHAO. 8，XIHOU CHUILIAN

著者 / 鹿鼎公子
经销 / 新华书店
印刷 / 北京虎彩文化传播有限公司
开本 / 880毫米×1230毫米　32开　　印张 / 6.5　字数 / 108千
版次 / 2023年6月第2版　　2025年12月第6次印刷

中国法制出版社出版
书号ISBN 978-7-5216-2903-3　　定价：39.80元

北京市西城区西便门西里甲16号西便门办公区
邮政编码：100053　　传真：010-63141600
**网址：**http://www.zgfzs.com　　**编辑部电话：**010-63141815
**市场营销部电话：**010-63141612　　**总编室电话：**010-63141606
（如有印装质量问题，请与本社总编室联系。）